Titre de l'édition originale : *The Lemon Juice Diet*
Publiée par Vermilion

Traduction de Marie-Christine Guyon

Ce livre est la réédition du Régime citron.

Deuxième impression (mars 2017)
29 boulevard Raspail
75007 Paris – France
ISBN : 979-10-285-0323-9

THERESA CHEUNG

Préface du Dr Martine André

MINCIR GRÂCE AU CITRON

LEDUC.S
EDITIONS

SOMMAIRE

PRÉFACE

Des origines de ce beau fruit jaune, que sait-on ? Le citron serait né en Himalaya où citronniers et cédratiers poussent encore à l'état naturel. Il pourrait être le résultat d'une hybridation naturelle entre le cédrat, la lime et le pamplemousse. On le retrouve ensuite au Moyen-Orient puis en Iran et ses nombreux déplacements débutent au Moyen Âge sur les bateaux arabes. Il se répand en Europe vers la fin du XIIe siècle, tout d'abord en Espagne puis sur tout le pourtour méditerranéen. Il gagne ensuite « les Amériques » avec Christophe Colomb puis le monde entier.

Le citron a notamment été le remède miracle du scorbut sur les bateaux lors de leurs longues traversées. Ce n'est qu'en 1932 que l'on comprend le secret de ce remède lié à la très grande teneur en vitamine C du citron. Depuis lors, on sait que le citron contient également bien d'autres micronutriments et notamment des vitamines B et E, de l'acide folique, de nombreux sels minéraux, des bioflavonoïdes, des fibres et d'autres substances antioxydantes et détoxifiantes.

Ses nombreux atouts nutritionnels pour la santé lui ont valu d'être popularisé aux États-Unis, dans les années 70, par Stanley Burroughs qui avait étudié l'intérêt du citron sur l'élimination des toxines, la détoxication des reins et du système digestif. Une diète à base de citron avait alors fait l'objet d'un ouvrage *The Master Cleanser*, publié pour la première fois en 1976. D'autres versions ont été éditées par la suite outre-atlantique où ce régime citron – adopté par de nombreuses personnalités – a remporté un grand succès.

Le dernier ouvrage de Theresa Cheung, auteur anglo-saxon diplômée du King's College de Cambridge, apporte un nouvel éclairage sur l'intérêt du citron dans l'alimentation. Dans son livre intitulé *Le Régime citron*, l'auteur nous amène tout d'abord à prendre conscience des mauvaises habitudes alimentaires qui encrassent l'organisme et font le lit de nombreuses maladies métaboliques et/ou cardio-vasculaires. Tous les bienfaits du citron sur l'organisme sont ensuite déclinés, avec de nombreux conseils pratiques et des recettes permettant de réaliser facilement ce régime citron. Parmi les effets bénéfiques du citron, on peut notamment souligner l'intérêt de ce fruit – de saveur pourtant acide – qui se comporte comme un aliment alcalinisant (à l'instar de nombreux fruits et légumes). Un grand atout alors que nous consommons trop d'aliments acidifiants (viandes, fromages, pain, gâteaux...) et que notre organisme nécessite précisément un bon équilibre acide-base pour assurer la prévention du capital osseux, du surpoids, de certaines douleurs chroniques, de calculs rénaux...

Le Régime citron de Theresa Cheung s'avère être un guide précieux pour éviter de nombreuses erreurs alimentaires. Il s'adresse notamment à tous ceux qui cherchent des solutions diététiques pour détoxiquer leur organisme, se sentir mieux, chasser fatigue et douleurs, ainsi qu'à tous ceux qui désirent perdre du poids.

Dr Martine ANDRÉ
Journaliste médicale spécialisée en nutrition

AVERTISSEMENT

Les conseils contenus dans ce livre n'ont pas pour finalité de remplacer un avis médical. Avant d'entreprendre tout régime ou toute activité physique, consultez votre médecin. Ni l'auteur, ni l'éditeur ne sauraient être tenus responsables des dommages éventuellement causés à la suite de l'utilisation, à bon ou mauvais escient, des suggestions énoncées dans cet ouvrage, ou d'un défaut de consultation médicale.

En cas de prédisposition aux troubles rénaux, affections de la vésicule biliaire, brûlures d'estomac, ou allergie aux agrumes, évitez de consommer le zeste du citron. Consultez votre médecin généraliste avant de commencer ce régime. En outre, ne vous brossez pas les dents juste après avoir absorbé du jus de citron ou du thé au citron, pour éviter d'endommager leur émail. Buvez votre jus de citron à l'aide d'une paille, et attendez une demi-heure avant de vous brosser les dents.

L'absorption de jus de citron ou l'application de jus ou d'huile sur la peau sont inappropriées chez des enfants de moins de quatre ans, leurs systèmes digestif et cutané ne pouvant le supporter. Avec des enfants plus âgés, procédez avec prudence. L'huile de citron présentant une forte concentration, il convient de l'utiliser avec parcimonie : quelques gouttes suffisent. Ne l'appliquez jamais non diluée sur la peau. Lors d'applications de zeste de citron, veillez à n'employer que des fruits issus de l'agriculture biologique, pour éviter les dangers des produits de traitement chimique. Enfin, malgré les qualités curatives du citron sur de nombreuses affections, grâce à ses effets sur les défenses immunitaires, consultez toujours votre médecin avant d'y recourir, en cas de maladie grave.

INTRODUCTION : UN SIMPLE ZESTE SUFFIT !

Si vous avez choisi ce livre en pensant trouver un régime draconien, censé vous faire maigrir en détoxifiant votre organisme par la seule action du jus de citron, vous allez être déçu. On croit, à tort, qu'on peut perdre un nombre considérable de kilos en se mettant à l'eau et au jus de citron pendant des jours et des jours. De telles méthodes relèvent de la plus haute fantaisie. Pire encore : hormis le fait qu'il ne garantit pas de perte de poids à long terme, tout régime apportant moins de 1 200 calories par jour est nuisible pour la santé. Il risque d'entraîner de pénibles effets secondaires : douleurs d'estomac, nausées, vomissements, diarrhées, vertiges, fièvre, maux de tête, troubles de la vue, fatigue, etc.

Les travaux de recherche confirment, en outre, ce que nutritionnistes et diététiciens savent depuis longtemps : réduire fortement son apport alimentaire en général, ou se priver de certains aliments en particulier dans le but de maigrir, ne sert tout simplement à rien à long terme. Si vous adoptez l'un des derniers régimes à la mode

– par exemple jeûne entrecoupé de jus ou d'eau chaude additionnée de quelques gouttes de citron –, vous vous exposez juste à ralentir votre métabolisme (qui brûlera donc moins de graisses) et à faire tomber votre taux de sucre sanguin. Résultat : vous serez fatigué et irritable.

Les restrictions imposées par ce type de diète sont telles qu'il est impossible de s'y tenir de manière prolongée. Vous ne perdrez que de l'eau, pour l'essentiel. Votre métabolisme fonctionnant au ralenti, il est même à prévoir que vous grossirez dès que vous reprendrez une alimentation normale. De plus, vous risquez une fonte musculaire et une distension de la peau. Si votre régime vous interdit certains aliments, vous serez carencé en nutriments importants pour la souplesse de la peau, la fermeté des tissus et le bon fonctionnement du foie.

En quoi ce régime se distingue des autres

Si faire un régime n'est qu'une perte de temps et d'énergie, à quoi bon se lancer dans le régime citron ? Nous avons vu que le jeûne et la dépuration à outrance pouvaient se révéler dangereux. En revanche, des études sérieuses démontrent les bienfaits d'une détoxication alimentaire à court terme, à condition qu'elle s'effectue sous la surveillance d'un professionnel. Un jeûne d'un ou deux jours relance les fonctions digestives et hépatiques. En d'autres termes, il stimule le processus naturel d'élimination des toxines.

En effet, sans que vous vous en rendiez compte, votre organisme se détoxifie lui-même en permanence. Le foie est le principal organe assurant cette fonction détoxifiante, les reins jouant pour leur part le premier rôle en matière de filtrage et d'élimination urinaire des toxines. Ce sont ces organes et non le jeûne, en soi, qui purifient l'organisme. Si vous ne vous alimentez pas de manière satisfaisante, votre système interne de détoxication est privé des nutriments nécessaires à son bon fonctionnement ; vous risquez alors de pâtir d'une mauvaise digestion et d'accumuler les déchets toxiques. Dans ce cas, un jeûne partiel, poursuivi pendant une journée, contribue à éliminer ces toxines et à refaire le plein de ces nutriments manquants, dont votre organisme a besoin pour brûler des graisses.

C'est par l'importance qu'il accorde à la *digestion* que le régime citron fait toute la différence. Rien n'est plus capital, pour votre santé et pour votre ligne, que le bon fonctionnement de votre appareil digestif. Une bonne digestion a pour effet de séparer les nutriments utiles à votre santé et de les assimiler, tout en rejetant les mauvaises substances. Mais si votre système digestif ne fonctionne pas au mieux, vous pouvez toujours vous gaver d'aliments dits diététiques et autres suppléments nutritionnels, vous n'apporterez pas pour autant à votre organisme les éléments nutritifs nécessaires pour garder la forme, vous détoxifier naturellement et faire passer votre métabolisme à la vitesse supérieure.

En tant que stimulant des fonctions digestives et détoxifiantes, le citron fait l'effet d'une véritable petite centrale énergétique. Cet aliment particulièrement tonique sur les papilles est idéal non seulement pour vous aider à maigrir, mais aussi pour garder le poids que vous aurez atteint. En raison de sa teneur élevée en vitamine C, il contribue grandement à renforcer vos défenses immunitaires. Il n'est donc pas étonnant qu'il soit recommandé de boire du jus de citron le matin à jeun.

Pour perdre du poids tout en préservant votre santé, vous devez consommer autant d'aliments nutritifs que possible, afin de stimuler votre métabolisme, votre digestion et vos fonctions naturelles d'élimination des toxines. Le régime citron n'est pas un « régime » tel qu'on l'entend communément, mais un ensemble d'habitudes alimentaires saines, à base d'aliments stimulant la digestion, comme le citron. Ce qui incitera votre organisme à se purifier naturellement. Ces aliments vous procureront les nutriments qui embellissent la peau, consolident les os et vous font déborder d'énergie. Plus mince et en meilleure santé, vous conserverez ces nouvelles habitudes toute votre vie. Mieux encore ! Vous trouverez le régime citron tellement efficace et facile à suivre que vous n'ouvrirez plus jamais aucun autre livre de régime.

Comment utiliser ce livre

Si de précédents régimes n'ont pas permis d'éliminer vos kilos en trop, peut-être est-ce parce que vous digérez mal et que, par conséquent, votre métabolisme est paresseux. Chaque chapitre de ce livre va vous aider à rétablir votre bon fonctionnement digestif. Bientôt, vous en récolterez les bénéfices, sous la forme d'un surcroît d'énergie et de santé. Et avec des kilos en moins.

Le chapitre 1 décrit les vertus amaigrissantes du citron. Vous y trouverez aussi de précieux moyens de vous motiver. Le chapitre 2 vous incitera à commencer votre régime par une journée de détoxication au jus de citron. Contrairement aux cures que l'on vous propose par ailleurs, celle-ci consiste, de façon progressive, à vous alimenter de façon saine, afin de stimuler votre digestion, d'éliminer vos toxines et de bien démarrer votre amincissement. Le chapitre 3 vous procurera des conseils de base sur le choix et la préparation des produits. Vous pouvez aussi vous rendre directement au chapitre 4, qui décrit de manière simple et claire les principes du régime citron, à appliquer sur une période de sept jours. Vous commencerez alors à sentir ses bienfaits sur votre dynamisme. Puis, après encore une semaine, vous constaterez une perte de poids. Au chapitre 5, vous trouverez des idées de menus, à adopter une fois que les sept principes n'auront plus de secrets pour vous. Le chapitre 6 comporte de précieux conseils sur l'achat, le stockage et la préparation des citrons. Avec aussi un choix d'appétissantes recettes à base de jus de citron qui contribueront à vous faire maigrir. Le chapitre 7 est consacré à votre programme d'exercice physique : effectué en douceur, c'est un excellent moyen de relancer votre métabolisme. En effet, plus on bouge, plus l'organisme consomme des calories. En outre, l'activité développe la musculature, et plus on a de muscles, plus on brûle de calories. Vous avez laissé tomber le sport depuis longtemps ou vous l'avez toujours détesté ? Pas de panique. Vous découvrirez dans ce chapitre qu'il suffit de petits changements de mode de vie pour transformer votre silhouette. Vous voyez parfois votre volonté faiblir ? Vous vous laissez aller au grignotage ? Le chapitre 8 vous remotivera et vous remettra sur la bonne voie. Le chapitre 9 présente une liste d'aliments courants qui, alliés aux puissantes vertus du citron, soignent les maux les plus divers, de l'acné aux rhumatismes en passant par l'hypertension et les varices.

Au fil de votre lecture, puis quand vous aurez adopté les principes du régime citron, n'oubliez jamais que celui-ci n'a pas pour but de vous laisser la peau sur les os, mais de vous aider à devenir svelte tout en restant en bonne santé. Commencé lors de vos bonnes résolutions de début d'année ou à tout autre moment, il n'est pas destiné uniquement aux personnes qui souhaitent maigrir. Il convient à toutes celles qui veulent être plus en forme, plus fraîches… et aussi toniques qu'un zeste de citron !

Vous avez bien choisi

Si c'est la première fois que vous achetez un livre de régime – parce que vous vous êtes légèrement laissé aller pendant les fêtes ou les vacances, ou bien parce que vous constatez une lente évolution de votre poids – vous avez bien choisi, car il serait étonnant que vous deviez en acheter un autre dorénavant. Et si ce n'est pas votre premier livre de régime, vous allez constater que celui-ci n'est pas comme les autres. Au cours des semaines et des mois à venir, vos kilos vont fondre tout naturellement. Et ce, sans que vous soyez déprimé ou affamé pour autant, car vous n'éprouverez aucune frustration. Au contraire : vous vous sentirez propre et net comme un sou neuf et vous tiendrez une forme olympienne.

Prêt pour la ligne et la forme ? Alors, c'est parti !

LE CITRON, VOTRE ALLIÉ CONTRE LES KILOS

Avant de découvrir pourquoi le citron est un excellent allié contre les kilos en trop, il importe de comprendre le rôle capital d'un bon fonctionnement digestif.

Une mauvaise digestion favorise la prise de poids

Il est sans doute inutile de vous rappeler que l'excès de nourriture, doublé d'un exercice physique insuffisant, est propice à la prise de poids. Mais savez-vous qu'une mauvaise digestion en est aussi une cause ?

Lorsque l'appareil digestif fonctionne mal, perdre du poids devient quasi impossible, en tout cas sans mettre sa santé en danger. En effet, une mauvaise digestion gêne l'élimination des graisses ou prive l'organisme des nutriments nécessaires pour cela. Il en résulte une accumulation de toxines. Transportées par le sang, celles-ci engendrent un état apathique ou déprimé ainsi qu'un ralentissement du métabolisme. Votre objectif, la perte de poids, devient impossible à atteindre.

Un organisme qui n'absorbe pas les nutriments adéquats en subit de néfastes conséquences. Le cerveau, en privation constante, transmet une sensation de faim, et ce, indépendamment de la quantité de calories consommées ou de votre éventuelle surcharge pondérale. C'est difficile à croire, mais de nombreuses personnes affligées d'un surpoids et d'une digestion incorrecte sont véritablement affamées, car leur organisme ne reçoit pas les nutriments indispensables à leur santé et à leur bien-être.

Imaginons que vous vous lanciez dans une course dont le but soit de maigrir et de retrouver forme et énergie. Vous apercevez bien la ligne d'arrivée au loin. Mais à cause de votre mauvaise digestion, vous n'avez aucune chance de la franchir. Vous courez sur une pente savonneuse, bien trop inclinée pour que vous puissiez avancer.

Comment savoir si vous souffrez d'une mauvaise digestion

Les gens qui souffrent de mauvaise digestion se comptent très probablement par millions. Et nombre d'entre eux ignorent qu'elle est la cause de leurs difficultés à maigrir, malgré tous les régimes et toutes les heures de sport auxquels ils s'astreignent. De plus, il est fréquent qu'un mauvais fonctionnement de l'appareil digestif échappe au diagnostic, tout comme la dépression, la colopathie fonctionnelle (irritabilité du côlon ou colite) ou la fatigue chronique.

Si, parmi les symptômes suivants, vous en reconnaissez au moins deux, il est possible que votre système digestif soit lui aussi paresseux.

- Malgré tous vos efforts, vous ne parvenez pas à maigrir.
- Les innombrables régimes que vous avez essayés vous ont tous semblé totalement inefficaces.

- Vous êtes très facilement fatigué, avec de fréquents « coups de barre » en milieu de matinée ou en début d'après-midi.
- Il vous arrive souvent d'avoir des sautes d'humeur, ou des baisses de moral sans raison apparente.
- Vous avez la peau terne ou acnéique.
- Vous êtes sujet aux indigestions ou aux gaz fétides.
- Vous souffrez de désordres intestinaux fréquents (constipation ou diarrhée).

Heureusement, ces troubles ne sont pas irrémédiables. Des études démontrent qu'une fois leur fonctionnement digestif rétabli, les personnes affectées éprouvent les bienfaits suivants.

- De moindres quantités de nourriture leur suffisent à se procurer les nutriments dont elles ont besoin. De ce fait, elles ont un appétit moins important et mangent moins.
- Elles retrouvent toute leur énergie.
- Elles renouent avec leur forme et leur bonne humeur.
- Leurs cheveux, leur peau et leurs ongles embellissent.
- Leur métabolisme s'améliore.
- Leurs selles redeviennent normales et régulières.
- Elles maigrissent, sans reprendre leurs kilos par la suite.

« Vous êtes ce que vous mangez », dit-on. On pourrait dire aussi : « Vous êtes ce que vous assimilez de votre alimentation. » D'un bon fonctionnement digestif dépend l'absorption correcte des nutriments contenus dans l'alimentation. Une digestion satisfaisante détermine aussi le filtrage des toxines et leur élimination. Enfin, elle influe sur la rapidité d'un régime amaigrissant. En effet, un apport correct en éléments nutritifs est primordial pour un métabolisme efficace et pour une perte de poids respectueuse de votre santé.

Les vertus digestives du jus de citron

Le jus de citron est l'allié idéal de votre régime car, en stimulant la sécrétion de salive et de sucs gastriques, il constitue un excellent agent digestif. Absorbé au lever, il a aussi une action tonique sur le foie dont il active la sécrétion de bile et qu'il prépare à digérer les aliments consommés dans la journée. L'influence bénéfique du jus de citron sur les fonctions hépatiques est importante car ces dernières sont la clé d'une bonne digestion.

Voici les principales fonctions du foie.

- Il assure le métabolisme des nutriments, en les décomposant de façon que l'organisme puisse les utiliser à profit.
- Il transforme les toxines en substances inoffensives qui seront ensuite expulsées.
- Il sécrète et excrète la bile, destinée à absorber les nutriments liposolubles et à éliminer les toxines.
- Il régule le métabolisme des graisses.
- Il purifie le sang en filtrant bactéries, toxines, anticorps et autres particules contenues dans celui-ci.
- Il fabrique des agents coagulants et des protéines sanguines.

Votre santé et votre vitalité dépendent dans une large mesure du bon fonctionnement de votre foie. Outre son importance en matière de digestion et d'élimination des toxines, ce facteur contribue largement à vous faire maigrir. Les aliments gras, l'alcool et les médicaments ont tendance à surcharger votre foie. Celui-ci contraint alors les autres organes assurant une fonction dépurative (reins, glandes surrénales, peau et système lymphatique) à travailler outre mesure. Cela engendre acné et autres éruptions cutanées, ballonnements, candidoses et autres infections à levures, troubles prémenstruels, constipation et – vous l'avez deviné – prise de poids. Il est démontré que chez de nombreux obèses, les fonctions hépatiques sont déréglées. En effet, le métabolisme des graisses est étroitement lié au foie.

En plus de ses bienfaits pour le foie, le jus de citron est un parfait auxiliaire de l'estomac en raison de sa teneur élevée en acide citrique. Présent dans de nombreux fruits et légumes, l'acide citrique se trouve, à son plus fort degré de concentration, dans les citrons, jaunes et verts. Leur teneur en acide est de 7 à 8 %, ce qui explique leur goût. Outre qu'il évite au fruit de s'abîmer, l'acide citrique facilite les réactions métaboliques au niveau de l'estomac. En effet, il s'associe avec d'autres substances acides ainsi qu'avec des enzymes, formant avec elles des interactions complexes, ce qui stimule la sécrétion de sucs stomacaux. Il favorise donc la digestion.

L'acide citrique, peu agressif par rapport à des acides plus forts (comme les acides sulfurique ou chlorhydrique), n'est pas assez puissant pour séparer des nutriments. Il n'empêche qu'à peine en bouche, il stimule les glandes salivaires. Une quantité adéquate de salive joue un rôle important dans la digestion. En effet, celle-ci débute par la mastication, dans laquelle la salive facilite la dissociation des aliments. Puis, quand le citron arrive dans l'estomac, que ce soit sous forme de jus ou de pulpe, il contribue aux premières phases de la digestion stomacale en stimulant la production d'enzymes digestives telles que la pepsine, qui dégrade les protéines du bol alimentaire. C'est pourquoi quelques gouttes de citron pressées sur les viandes maigres, la volaille, le poisson, les œufs et les légumes secs, en facilitent la digestion. De façon indirecte, l'acide citrique favorise donc l'activité de l'estomac. De plus, des études prouvent son efficacité dans le traitement d'un bon nombre de troubles digestifs, de l'indigestion à la constipation. Il prévient aussi la formation de gaz et favorise même l'élimination des vers intestinaux.

Grâce à cette acidité, le moindre petit jus de citron améliore votre digestion et limite les effets de votre dernier repas sur votre taux de sucre sanguin (glycémie). En effet, comme vous le découvrirez avec le principe 3 du régime citron (chapitre 4), la stabilité de ce taux de glycémie est capitale pour perdre du poids.

Les autres atouts du jus de citron

Les bienfaits du citron pour votre santé et votre ligne ne se limitent pas aux fonctions hépatiques et digestives. L'allié de votre minceur a bien d'autres atouts dans sa manche, baptisés pectine, vitamine C, quercétine et limonène.

Pectine

Le citron est l'un des fruits les plus riches en pectine. À elle seule, son écorce en comporte 30 %. Cette substance, excellente source de fibres, aide à perdre du poids. En effet, elle se transforme pendant la digestion en un gel visqueux qui ralentit l'absorption de sucres par l'estomac. Elle procure donc une sensation de satiété qui peut durer jusqu'à quatre heures. Autrement dit, elle incite à moins manger et favorise donc l'amaigrissement. Cette substance abaisse aussi les taux de cholestérol et de sucre sanguins. Comme toutes les fibres végétales, on lui prête même un rôle dans la prévention du cancer du côlon.

Vitamine C

Le jus du citron est l'un des aliments les plus riches en vitamine C, dont il apporte à lui seul plus de 90 % de la teneur total du fruit. Pour satisfaire aux besoins de cette vitamine (60 mg par jour, pour un adulte), le jus de trois citrons suffit.

Des études récentes indiquent que les personnes consommant plus que d'autres des agrumes frais – citrons jaunes ou verts, oranges, etc. – ainsi que d'autres fruits et légumes riches en vitamine C, ont de meilleures chances de maigrir. Non pas que la vitamine C soit le nouveau remède-miracle contre les kilos. En revanche, un apport insatisfaisant de cette vitamine a des effets contraires à la perte de poids. En pratiquant un exercice modéré, les sujets qui en absorbent une quantité suffisante brûlent 30 % de graisses de plus que ceux qui en sont carencés. En outre, un lien a été établi entre carence en vitamine C dans le sang et surcharge graisseuse, notamment au niveau de l'abdomen.

Quercétine

Le jus de citron contient une quantité de bioflavonoïdes, en particulier de la quercétine. Les bioflavonoïdes sont des composés chimiques qui donnent aux végétaux leur couleur. On en trouve principalement dans les fruits, les légumes et certaines écorces. Ils ont un effet antioxydant en protégeant les cellules des radicaux libres – des substances nocives produites par l'organisme sous diverses influences (tabac, pollution, alcool, soleil, etc.). Ils ont en outre des propriétés antivirales, antiallergéniques et anticancéreuses. La quercétine est un puissant antioxydant. Elle favorise aussi la sécrétion d'insuline (hormone du pancréas) et la régulation du taux de sucre dans le sang. Grâce à elle, l'appareil digestif est plus disponible pour transformer les aliments correctement. Si bien que l'organisme en stocke moins sous forme de graisses. Cette capacité à réguler le taux de sucre présente un avantage supplémentaire : elle évite les fringales résultant des variations de ce taux. Donc, vous mangez moins !

Calcium

Le jus de citron est une bonne source de calcium, indispensable à la solidité des os. De plus, il contribue amplement à la bonne assimilation de ce composant, ce qui aide à la prévention de l'ostéoporose. Et le calcium contenu dans le jus de citron est aussi un auxiliaire de votre régime. En effet, le calcium qui se trouve dans les cellules graisseuses intervient sur le stockage et la dispersion des graisses dans l'organisme. Selon les spécialistes, plus il y a de calcium dans une cellule graisseuse, plus celle-ci brûle ses graisses rapidement. Par conséquent, si vous voulez maigrir, veillez à absorber une dose de calcium suffisante. Pour cela, le jus de citron représente un excellent substitut des produits laitiers, riches en matières grasses.

Limonène

L'écorce du citron comporte des milliers de petites glandes, qui produisent l'huile essentielle propre à ce fruit (*citri aetheroleum*). Celle-ci présente une forte teneur en citral, substance à laquelle le citron doit son odeur et son goût particuliers. L'huile essentielle du citron est aussi riche en limonène, qui joue un rôle protecteur contre différents types de cancer. Pour vous préserver de cette maladie, il est inutile de vous gaver de peau d'agrumes : une cuillerée de zeste par semaine suffit à faire la différence. Cette quantité équivaut au zeste d'un citron environ, selon la taille du fruit et la finesse du râpage.

Les recherches consacrées au régime méditerranéen, dans lequel sont consommés le fruit entier ainsi que des huiles d'agrumes, soulignent en outre les bienfaits du zeste pour la santé et pour la ligne. Qui plus est, les populations méditerranéennes sont moins à risque d'obésité, de cancers et de maladies cardio-vasculaires que celles d'autres pays européens. Elles consomment couramment de la citronnade, préparée avec le fruit entier, écorce comprise, qui augmente les apports en d-limonène, présent par ailleurs dans leur régime.

Les différentes parties du citron procurent leurs bienfaits selon des proportions différentes. Le zeste se distingue de la pulpe et du jus principalement par sa concentration plus élevée en d-limonène, ainsi qu'en d'autres composants actifs connus pour leurs puissantes propriétés antioxydantes, comme l'hespéridine, la naringine et l'auraptène qui joueraient aussi un rôle dans la prévention anticancer. Les cuisiniers s'en servent depuis des lustres pour agrémenter leurs recettes. La lecture de ce livre vous encouragera à les imiter, en incorporant un peu de zeste de citron râpé dans vos soupes ou salades quotidiennes, par exemple. Vous pouvez aussi en parsemer sur vos plats de poisson ou de poulet.

Nous sommes loin d'avoir fait le tour des nombreuses vertus du citron. Vous découvrirez ses extraordinaires propriétés curatives au chapitre 9 : Les vertus curatives du citron, p. 189.

Comment maigrir

Le seul moyen de maigrir sans plus jamais reprendre vos kilos consiste à consommer une nourriture variée afin d'en tirer tous les éléments dont vous avez besoin, d'éliminer vos toxines et de conserver des fonctions stomacales et hépatiques correctes. Comme nous l'avons vu dans ce chapitre, le citron regorge de nutriments qui facilitent la digestion et la perte de poids. Pas étonnant que les vedettes d'Hollywood, soucieuses de leur ligne, soient adeptes de son jus. Si, après avoir lu ce livre, vous ne changez rien à vos habitudes à part boire un verre de jus de citron frais dilué dans l'eau tous les matins, ou saupoudrer de zeste vos boissons et vos plats, vous agirez déjà de manière très positive pour votre silhouette, votre digestion et votre santé en général.

Vous allez dès maintenant œuvrer de concert avec l'allié de votre ligne, en apprenant à intégrer le citron et son jus à votre alimentation quotidienne.

24 HEURES DE DÉTOXICATION

Les carences en éléments nutritifs, doublées d'une saturation en toxines, affectent le corps et le cerveau. Elles figurent parmi les causes principales d'une mauvaise digestion et d'une instabilité du taux de sucre sanguin. Celles-ci entraînent à leur tour fatigue, sautes d'humeur et prise de poids. Le programme de détoxication en 24 heures présenté dans ce chapitre repose sur des choix alimentaires et sur des méthodes qui vous permettront de mieux absorber votre dose quotidienne de nutriments et débarrasseront votre organisme de ses toxines, de manière naturelle.

Afin de vous procurer tous les apports nutritifs nécessaires, votre programme dépuratif comporte une abondance de jus de citron additionné d'eau. Il comprendra aussi des collations régulières, composées de légumes (secs, entre autres), de fruits (notamment des fruits à coque) et de graines. Plutôt que de créer en vous une privation qui n'engendrerait qu'une chute du taux sanguin de sucre – et du moral –, il va vous apporter une quantité d'eau et de denrées naturelles qui renforceront votre propre système de détoxication, tellement efficace en soi que même les produits dépuratifs les plus élaborés ne pourraient lui faire concurrence. Vous apprendrez en outre à respirer à fond et à vous détendre. En effet, les tensions affectent dans une large mesure la digestion et contribuent à l'accumulation de graisses, en particulier au niveau de l'abdomen.

Le programme en 24 heures est un excellent moyen de vous remettre sur la voie après quelques excès. Gardez sans cesse à l'esprit, lors de cette journée de détoxication, que l'adoption d'une alimentation saine en vue de maigrir est une démarche totalement différente d'une diète : comme nous l'avons vu, les régimes stricts ne produisent pas de résultats à long terme. En revanche, le mode alimentaire que je vous propose consiste à offrir à votre organisme le meilleur apport nutritionnel possible. En fait, au cours de ces 24 heures et, espérons-le, pour le reste de votre existence, vous allez fournir à vous-même le meilleur carburant souhaitable.

Ce programme repose principalement sur l'absorption de quatre verres de citronnade fraîchement confectionnée, d'une abondance d'eau, de repas réguliers, entrecoupés d'en-cas sains, frais et naturels. Au cours de cette journée, en plus de recevoir tous les nutriments dont vous avez besoin pour vous débarrasser naturellement de vos toxines et pour revitaliser votre système digestif sans que cela vous affame, vous perdrez au moins 500 grammes, voire un kilo, en fonction de votre stature et de votre poids.

Comment faire votre citronnade

Pour la confectionner, il vous faut :

- 2 cuillères à soupe (c. à s.) de jus de citron fraîchement pressé (entre ½ et 1 citron)
- 30 cl d'eau filtrée
- 2 cuillères à café (c. à c.) de sirop d'érable bio de grade B ou un bâton de cannelle (facultatif)
- Une pincée de piment de Cayenne

Mélangez le jus de citron avec l'eau, le sirop d'érable et le piment de Cayenne. Remuez bien le tout et servez à température ambiante. Vous pouvez alterner sirop d'érable et cannelle. Cette dernière a un effet régulateur sur le taux de sucre sanguin. Et, pour qui en aime le goût, elle adoucit à merveille les saveurs un peu âpres.

Dans la mesure du possible, n'employez que des citrons frais, bio et mûris sur l'arbre. N'utilisez jamais de jus en boîte ou surgelé. Composez votre mélange juste avant de le boire. Vous pouvez toutefois presser vos citrons le matin, et conserver le jus au frais, dans un récipient couvert. Dans la journée, vous en mesurerez 2 cuillerées à soupe lorsque vous en aurez besoin.

La pincée de cayenne relève le goût de la citronnade et produit un effet de chaleur qui stimule l'élimination. Des travaux de recherche ont montré qu'une substance du nom de capsaïcine, contenue dans ce piment, augmente pendant quelques instants la température corporelle. Elle contribue aussi à réguler le taux de sucre sanguin car elle favorise la séparation des glucides après les repas. C'est pourquoi la capsaïcine fait l'objet de nouvelles études qui détermineront si elle peut intervenir dans le traitement de l'obésité. Le sirop d'érable (de grade B, le grade A étant trop raffiné) adoucit cette boisson, excessivement amère au goût de certains. De plus, il apporte une dose bienvenue de zinc et de magnésium, régulateurs de l'appétit et stimulateurs du métabolisme des graisses.

Vos 24 heures de détoxication étape par étape

Au cours de ces 24 heures, vous allez absorber une gamme complète de nutriments bénéfiques pour votre santé, avec suffisamment de calories pour maintenir votre métabolisme en bon fonctionnement. Dans le même temps, votre organisme va se débarrasser des toxines engrangées pour cause d'alimentation trop riche, ou simplement en raison des conditions de l'existence moderne (stress, pollution et consommation de produits transformés). Il ne faut absolument pas suivre ce programme purifiant plus d'une journée par semaine, car il n'est pas aussi efficace qu'un mode d'alimentation raisonnable, respecté au quotidien. Toutefois, il remplit à merveille sa fonction de nettoyage de l'organisme et de relance du processus digestif. Et il permet de vous placer correctement sur la ligne de départ, en direction de votre nouvelle silhouette. Il est préférable d'accomplir ce programme un jour de congé. L'esprit disponible et détendu, vous pourrez prendre votre temps pour préparer vos menus et les déguster.

À toute heure

Veillez à boire au moins six ou huit verres d'eau filtrée, additionnée de zeste de citron. Cela vous évitera les fringales. N'hésitez pas à boire encore plus d'eau, telle quelle ou en tisane. Vous pouvez aussi manger une banane, accompagnée d'une poignée de graines mixées ou un bol de potage de légumes chaud. Le mieux est de le confectionner vous-même, pour garantir qu'il ne contienne ni additifs ni conservateurs, ni trop de sodium.

Au lever

Levez-vous, si possible, vers 7 h 30. Puis prenez votre premier verre de citronnade. Mieux vaut qu'il soit à température ambiante voire tiède, car l'eau froide en première heure de journée risque de vous détraquer en occasionnant gaz et ballonnements. Ensuite, attendez au moins une demi-heure pour prendre votre petit déjeuner. Laissez s'écouler ce même laps de temps avant de vous brosser les dents.

Petit déjeuner

Salade de fruits rouges :

- 5 fruits de chaque sorte suivante : fraises, framboises, mûres, myrtilles et cerises
- 1 pomme
- 1 poire
- Un yaourt bio
- Une poignée d'amandes non grillées ni salées

Coupez en petits morceaux tous les fruits sauf les amandes, mélangez-les avec le yaourt et ajoutez les amandes.

Collation du matin

Buvez votre deuxième verre de citronnade. Dix minutes après, mangez une banane, plus une poignée de graines de tournesol ou de courge.

Déjeuner

Régalez-vous d'autant de haricots ou de lentilles en salade que vous le souhaitez. Vous les assaisonnerez de jus de citron, de vinaigre balsamique et d'huile d'olive vierge extra. Tous les types de haricots sont possibles : lingots, haricots rouges, noirs, ou cocos roses, cannellini, haricots de Lima... De même, vous avez le choix entre lentilles brunes, vertes ou roses.

Collation de l'après-midi

Prenez votre troisième verre de citronnade. Puis, dix minutes après, mangez soit des crudités : concombre, radis et céleri, soit une poignée de fruits secs et de fruits à coque non salés.

Dîner

Au menu de ce soir : poisson grillé accompagné de légumes cuits vapeur. Veillez à y inclure des oignons. Pour le reste, choisissez-les à votre goût : carottes, navets, rutabagas, choux, choux de Bruxelles, choux-fleurs, poivrons, champignons, maïs, poireaux, courgettes, brocolis, tomates, concombres... Peu importe qu'ils soient frais ou surgelés. Vous avez également le choix du poisson : cabillaud, flétan, plie, sole, thon, maquereau, saumon, truite, haddock. Vous pouvez le remplacer par des crevettes. Le tofu, la graine de soja ou encore l'avocat sont d'autres substituts possibles. Pensez à ajouter du jus de citron à votre plat.

ou bien

Saisissez au wok un assortiment de légumes : pak choi (chou chinois), ciboule, champignons, pousses de bambou et germes de haricots, dans de l'huile d'olive vierge extra, avec de l'ail, du gingembre, des cubes de tofu et du jus de citron.

Deux heures avant le coucher

Buvez votre verre de citronnade, cette fois avec de l'eau tiède ou chaude.

Juste avant le coucher

Prenez un bain relaxant, agrémenté d'huiles essentielles. Si vous avez ensuite une petite faim, croquez un peu de céleri branche : il est riche en magnésium, aux vertus calmantes.

Couchez-vous de préférence avant 22 h. Lorsqu'on veut maigrir, il importe de dormir suffisamment. En effet, le manque de sommeil a pour effet de perturber le système hormonal, ce qui occasionne des modifications du métabolisme. De ce fait, les aliments ne sont pas traités correctement. Il existe peut-être aussi un rapport entre le manque de sommeil et une augmentation de l'appétit. Dans les semaines et les mois qui suivent, essayez d'avoir un sommeil réparateur quotidien : une bonne nuit de sommeil doit durer de six à huit heures.

Tirez le meilleur parti de vos 24 heures de détoxication

Outre les indications qui précèdent, voici quelques règles simples à suivre pour tirer le meilleur parti de vos 24 heures de détoxication :

Ne buvez que de l'eau ou de la citronnade

Pendant ces 24 heures, abstenez-vous de café, de thé (y compris de thé vert) et de toutes boissons sucrées. Les seules autorisées sont les quatre verres de citronnade confectionnée selon les instructions ci-dessus, plus autant d'eau plate (pas du robinet, à moins de la filtrer) ou de tisane que vous le souhaitez. L'eau est l'un des liquides détoxifiants les plus naturels et les plus efficaces. Buvez-en au moins six ou huit verres voire plus si vous avez des activités physiques, et pas seulement aujourd'hui : tous les jours, désormais.

Ne fumez pas

Ne fumez pas pendant les 24 heures de votre programme. C'est trop vous demander ? Essayez de réduire autant que possible le nombre de vos cigarettes. N'inhalez pas la fumée. Arrêter de fumer sans grossir dépasse le cadre de ce livre. Il est cependant évident que fumer est incompatible avec un mode de vie sain. Mais la prise de poids n'est pas inévitable. Demandez l'avis de votre médecin généraliste.

Essayez le brossage de peau

Achetez une brosse pour la peau. Vous l'utiliserez soit dès le lever, soit juste avant de vous coucher. Le brossage de peau participe à l'expulsion des toxines car il stimule les ganglions lymphatiques qui jouent un rôle clé dans leur élimination. Cette opération doit s'effectuer non pas sous la douche ou dans le bain, mais à sec. Toutefois, vous pouvez vous doucher ou vous baigner ensuite, cela activera davantage encore votre circulation. Commencez par vous brosser la plante des pieds, puis remontez le long des jambes, sur les bras et sur le dos. Procédez en douceur, en direction du cœur, en longs mouvements de balayage. Évitez de passer la brosse sur les égratignures, varices ou varicosités.

Faites de l'exercice

Faites de l'exercice, quelle que soit la manière (l'idéal étant la marche), au moins 45 minutes par jour. Efforcez-vous d'en faire assez pour transpirer. Vous n'avez envie ni de marcher, ni de courir ? Lancez votre disque préféré et dansez au son de la musique pendant une quarantaine de minutes, ou pendant trois séances d'un quart d'heure. Inutile de tomber dans l'excès : chaque fois que vous remuez, fléchissez, étirez votre corps, vous aidez votre système lymphatique à expulser des toxines.

Respirez !

Notre façon de respirer influe amplement sur notre état de santé car l'oxygène est un puissant agent détoxifiant. La plupart d'entre nous ne respirons que de manière superficielle, ce qui prive notre organisme de ce précieux gaz. Celui-ci, outre qu'il alimente muscles et cellules, contribue aussi à nettoyer glandes et autres organes de leurs toxines. Il est tout aussi important de bien respirer que de boire beaucoup d'eau et de s'alimenter sainement. À l'inverse, le manque d'oxygène est très nuisible, tant sur le plan cérébral que physique. Pendant ces 24 heures, tâchez de vous accoutumer à respirer profondément à l'occasion de vos activités courantes : faire les courses, vous promener, vous détendre avec votre entourage, etc.

Tenez-vous droit

Tenez-vous bien droit, en tirant les épaules vers l'arrière. Cela vous grandira, aplatira votre ventre et vous fera paraître plus mince de trois kilos en un clin d'œil, en augmentant la distance qui sépare vos hanches de votre cage thoracique.

Ne faites pas tout et n'importe quoi en mangeant

Ne parlez pas la bouche pleine. N'avalez pas tout rond. Et abstenez-vous de regarder la télévision ou d'écouter la radio pendant vos repas. En effet, cela vous fait avaler de l'air tout en mangeant, ce qui occasionne des ballonnements.

COMMENT RESPIRER CORRECTEMENT ?

1. Étendez-vous à plat dos ou restez debout, en position bien droite. Vous pouvez aussi vous asseoir sur une chaise, si vous êtes plus à l'aise ainsi, en veillant à garder le dos bien droit.
2. Posez une main sur l'abdomen.
3. Respirez comme en temps normal en observant si c'est votre abdomen ou votre poitrine qui se soulève.
4. Lorsqu'on respire correctement, la poitrine reste immobile tandis que le ventre se gonfle légèrement lors de l'inspiration, et se dégonfle lors de l'expiration.
5. Pour bien respirer, commencez par inspirer lentement, en comptant mentalement jusqu'à cinq et de sorte que votre abdomen soulève votre main.
6. Retenez votre souffle pendant cinq autres temps.
7. Expirez lentement, en cinq temps, en sentant que votre main redescend avec votre abdomen.
8. Renouvelez l'opération pendant quelques minutes.
9. En pratiquant ce mode de respiration, vous apprendrez bientôt à le reproduire spontanément en permanence.

À SAVOIR AVANT DE COMMENCER

Avant d'incorporer les principes du régime citron à votre alimentation des sept jours qui suivent, voici quelques recommandations sur les aliments et boissons qu'il convient de vous procurer ou, au contraire, d'éviter. Vous trouverez aussi dans ces pages les bases d'une préparation saine de vos plats, ainsi que des informations sur les compléments alimentaires. Enfin, ce chapitre vous aidera à soutenir votre motivation et vous donnera des conseils sur les objectifs à vous fixer pour perdre du poids.

Guide d'achat

Une alimentation privilégiant les produits frais et bruts est primordiale pour bien digérer et pour mincir. Mais lorsque vous faites vos courses, peut-être avez-vous du mal à savoir quoi acheter. Si vous avez des doutes sur ce que vous devez mettre dans votre panier pour garder forme et ligne, la liste suivante vous aidera à faire votre choix.

Dans les chapitres suivants, nous expliquerons en détail pourquoi les aliments énumérés ci-dessous sont à rechercher ou à proscrire.

En attendant, cette liste vous servira d'aide-mémoire. Consultez-en une copie lors de vos achats. Choisissez de préférence des produits bio, car ils contiennent moins d'additifs, substances chimiques et autres produits toxiques qui nuisent à la digestion, privent l'organisme de précieux nutriments, dérèglent les systèmes hormonaux et contribuent, de façon générale, à faire perdre la forme et gagner des kilos.

Légumes secs

Les légumes secs (ou légumineuses) constituent une remarquable source de nutriments. Mais ils perdent en valeur diététique lorsqu'on les cuit avec de la graisse et du sel. Évitez-les aussi sous forme de surgelés ou de conserves contenant sel, sucre et conservateurs. Il vaut mieux les acheter secs ou en conserve cuits à l'eau, en veillant à ce qu'ils soient préparés sans sel ni graisse animale. À l'exception des lentilles, les légumineuses doivent tremper une nuit avant emploi. Il est également facile de se procurer dans le commerce des produits bio en boîte, comportant un peu de sel mais pas de sucre inutile. Le hommous, confectionné à base de pois chiches, s'achète prêt à consommer dans de nombreux magasins.

Boissons

Évitez les boissons alcoolisées ou gazeuses, le café, le chocolat, ainsi que les jus de fruits pasteurisés et/ou contenant du sucre ajouté. Optez plutôt pour les tisanes, le thé vert, les jus de fruits ou de légumes frais (bio, de préférence) ou les boissons à base de céréales (substituts du café). Et pour l'eau, buvez-la filtrée ou minérale. Consommé avec modération, le thé noir (sans lait) est acceptable : ne dépassez pas deux ou trois tasses par jour.

Produits laitiers

Certes, les produits laitiers sont une source de protéines. Mais les fromages à pâte molle ainsi que les crèmes glacées et autres produits artificiellement colorés, présentent une forte teneur en graisses saturées, en conservateurs et autres additifs chimiques. Il vaut donc mieux s'en passer. Attention aux produits à faible taux de matière grasse, car ils contiennent souvent beaucoup de sucre. Les produits laitiers ne sont pas interdits, à condition de ne pas en abuser ; mais consommez des yaourts plutôt que du fromage ou du lait. Choisissez des produits nature, contenant du *Lactobacillus acidophilus*, et ajoutez-leur des fruits ; le résultat sera préférable aux yaourts aux fruits du commerce. En cas d'allergie ou d'intolérance au lait de vache, essayez le lait de chèvre, le lait de riz ou bien le lait de soja ou tous autres produits à base de soja. Votre apport en calcium vous préoccupe ? Sachez que de nombreux autres aliments en présentent une teneur élevée, comme le sésame, les légumes à feuilles vertes et les fruits à coque (amandes ou noisettes, par exemple).

Œufs

Dans la mesure du possible, achetez des œufs bio, de poules élevées en libre parcours. Ils ne contiennent pas les hormones et antibiotiques dont on sature ceux des élevages industriels.

Poisson

Évitez le poisson et les fruits de mer frits, salés ou en conserve à l'huile : harengs, anchois, coquillages ou crustacés, par exemple. Il est préférable de manger du poisson blanc d'eau douce, du saumon ou du thon (qui contient beaucoup d'eau), préparés au court-bouillon ou au four. Le mieux est de les acheter frais, mais les produits surgelés sont tout à fait convenables. Les poissons d'eau douce et les poissons gras sont riches en bons lipides, dits acides gras oméga 3, qui jouent un rôle essentiel pour limiter le cholestérol et vous garder en forme. En outre, ces poissons contiennent peu de sel, de graisses saturées et d'additifs néfastes à l'absorption des nutriments.

Fruits

Les fruits offrent une quantité de fibres, de vitamines, de minéraux et d'antioxydants essentiels à notre santé. À moins de les acheter bio, prenez soin de les laver ou de les peler pour ne pas absorber de pesticides. Abstenez-vous de consommer des fruits en conserve avec du sucre ajouté. Il vaut mieux les manger frais, en compote, surgelés ou secs, en veillant à ce qu'ils ne comportent pas de sucres ajoutés, ni d'anhydride sulfureux (E 220), antioxydant servant à leur conservation.

Céréales

Tous les produits à base de farine blanche sont à éviter : pâtes, biscuits apéritifs, céréales prêtes à consommer (chaudes ou froides), etc., de même que le riz blanc. Choisissez des céréales entières ou des produits qui en contiennent : pains, gâteaux, biscuits, ainsi que du riz complet ou sauvage. Les céréales complètes sont des mines de nutriments, propres à vous rendre votre vitalité, et de fibres précieuses pour une bonne digestion. En cela, elles se distinguent des produits transformés, qui sont privés des uns et des autres.

Viandes

Évitez le bœuf, le porc sous toutes ses formes, le canard, l'oie, ainsi que les abats, pâtés, viandes en conserves, salaisons et sauces à base de jus de viande. La consommation de viande rouge, en particulier, est liée au développement de cancers du sein ou du côlon. Si vous souhaitez en consommer, choisissez les morceaux les plus maigres. Mais préférez-lui le poulet ou la dinde bio, sans peau ni chapelure.

Fruits à coque

Ne vous privez pas de noix, noisettes, amandes et autres fruits à coque, mais mangez-les « nature », et non salés ou grillés.

Huiles

Achetez des huiles pressées à froid riches en acides gras essentiels : huile d'olive vierge extra, huile de maïs, tournesol, colza, carthame, sésame, soja. Vous pouvez aussi consommer de la margarine ou de la mayonnaise sans œuf fabriquées à base de ces huiles.

Plats prêts à consommer

À bannir.

Condiments

Outre du jus de citron, employez du vinaigre de cidre, du piment de Cayenne, de l'ail, des oignons, des herbes aromatiques, des légumes déshydratés ou des algues (de la dulse, par exemple).

Soupes

Au lieu d'acheter des produits en boîte, qui contiennent du sel, des conservateurs ou du glutamate, confectionnez vos propres soupes de légumes. Pensez aux haricots, pois, lentilles, tomates, carottes, épinards... N'y incorporez ni sel, ni bouillon gras, ni crème.

Sucre

Évitez le sucre blanc ou brun, tous les sirops (sauf celui d'érable pur), tous les édulcorants artificiels ainsi que les confitures et gelées. Il vaut mieux consommer du sucre de riz ou d'orge, du miel, de la mélasse sans soufre ou du xylitol (produit extrait de l'écorce de bouleau).

Légumes

Assurez-vous de ne pas acheter de conserves ou de surgelés contenant du sel et des additifs. En effet, ces derniers abaissent la quantité de substances phytochimiques présentes dans ces aliments, alors qu'elles sont bénéfiques pour le cœur, la peau, les cheveux… et la ligne. Consommez vos légumes soit frais, soit surgelés, en vérifiant qu'ils ne contiennent ni sel ni additifs, et de préférence bio.

Préparation des aliments

Pour s'assurer une digestion correcte, avec une bonne élimination des graisses, il ne suffit pas de bien choisir ses produits alimentaires. Encore faut-il les préparer de sorte qu'ils conservent leurs vertus nutritives. Les recommandations ci-dessous vous permettront de préserver les propriétés nutritionnelles et digestives de vos plats favoris voire, dans certains cas, de les accroître. Votre santé a tout à gagner au respect de ces conseils, qui vont dans le sens des mesures préconisées par les pouvoirs publics pour limiter les risques de maladies cardio-vasculaires, de cancer et d'obésité.

Consommez davantage d'aliments crus

La cuisson détruit de précieux nutriments ainsi que des enzymes digestives. (Par ailleurs, manger trop chaud engendre des troubles digestifs, ainsi que des maux de gorge et des problèmes de gencives.) Cela ne veut pas dire que vous deviez vous nourrir uniquement de produits crus, car certains aliments, en particulier la viande ou les œufs, ne présentent toutes les garanties de sécurité que lorsqu'ils sont cuits. Mais il est conseillé de consommer plus de crudités et, chaque fois que vous mangez un plat cuit, de le contrebalancer par des aliments crus. En effet, c'est l'association d'aliments crus et cuits qui favorise le plus une bonne digestion.

Préparez vos repas avec soin

Quand vous préparez des aliments frais, veillez toujours à préserver le maximum de leurs nutriments. Dès qu'on coupe, qu'on pèle ou qu'on ouvre d'une manière ou d'une autre un aliment frais, l'air, la lumière et la chaleur exercent sur celui-ci un effet destructeur lié à l'oxydation, qui réduit leurs qualités nutritives. Le simple fait de hacher un légume dégage une enzyme qui tue la vitamine C. Pour parer à cet inconvénient, coupez, hachez ou cisaillez légumes, fruits, graines ou herbes juste avant de les cuire ou de les servir. Au lieu d'éplucher les pommes de terre et les carottes, grattez-les, car une bonne partie de leurs éléments nutritifs se trouvent juste en dessous de la peau. En additionnant vos fruits et légumes de jus de citron, vous limiterez aussi la perte en nutriments. N'égouttez pas les légumes vendus prêts à l'emploi, car leur eau contient des composants nutritifs. Un robot ménager est un bon investissement, car il permet de hacher des aliments le plus tard possible avant la cuisson.

Ne cuisez pas trop vos aliments

Privilégiez les modes de cuisson qui préservent les propriétés nutritives des aliments, ainsi que leur couleur et leur saveur : faites-les de préférence rôtir ou sauter au wok, ou bien pocher ou cuire à la vapeur. Pour les légumes, il vaut mieux employer cette dernière méthode plutôt que de les faire bouillir. Les cuissons prolongées et les températures élevées ne leur réussissent pas (sauf quand on les fait sauter, car c'est un mode de cuisson rapide). De façon générale, sachant qu'une exposition trop longue à la chaleur ou à un liquide risque de détruire les nutriments contenus dans vos aliments ou de les diluer, faites-les cuire le moins possible. Évitez de griller des viandes directement sur la flamme, car il s'en dégage des substances cancérogènes. Ne mangez pas d'aliments carbonisés.

Les fritures, ainsi que les aliments fortement grillés, sont source de radicaux libres et apportent des graisses néfastes pour la santé. Si vous devez vraiment faire frire quelque chose, ajoutez un peu d'eau à de l'huile pressée à froid. Et ne la laissez jamais chauffer au point qu'elle fume. Le wok est un mode de cuisson sain, car les légumes, qui doivent être coupés en tout petits morceaux, cuisent très rapidement. Ainsi, leurs nutriments ne sont pas détruits. En outre, très peu d'huile suffit.

On ignore à ce jour si la cuisson au four à micro-ondes a des effets toxiques. Dans le doute, mieux vaut s'en servir de manière modérée, pour dépanner.

Remplacez le sel par des condiments

Au lieu d'ajouter du sel à vos plats, relevez-les à l'aide d'herbes aromatiques, d'épices, de vinaigre ou de jus de citron. Notre alimentation contient beaucoup trop de sel caché, à l'origine de rétention d'eau, de ballonnements et d'hypertension. Pressez du citron sur vos légumes, pâtes, soupes, riz, poissons ou ragoûts. Ils gagneront tellement en saveur que vous éprouverez moins l'envie de les saler.

Mangez des légumes

Ajoutez des légumes à vos menus quotidiens de façon à en consommer cinq portions par jour. Pensez à varier la composition de vos salades, de vos soupes et de vos ragoûts, essayez de nouvelles associations. Du zeste de citron, ou bien du poivron rouge ou jaune haché, en rehausseront le goût. Accompagnez volailles et poissons de sauces légères, à base de légumes ou de fruits.

Faites la chasse aux graisses

Cuisinez à l'huile de tournesol ou d'olive vierge extra. En cours de cuisson, écumez la graisse. Épongez les aliments frits sur du papier absorbant. Mettez vos soupes au congélateur : lorsque vous les réchaufferez, il vous sera facile d'éliminer le gras remonté à la surface.

Dans vos pâtisseries, remplacez les matières grasses par de la compote de pommes, des pruneaux mixés, de la banane écrasée additionnée de jus de citron, ou du yaourt. Cela marche ! De même, remplacez la farine blanche par des produits complets. Dans vos pains et gâteaux, essayez la farine d'avoine, de soja ou de lin.

Choisissez des desserts légers

Efforcez-vous de terminer vos repas non pas par des gâteaux, mais par des fruits, soit frais, soit sous forme de compote ou de tarte. Préférez les sorbets aux crèmes glacées. Servez vos pâtisseries maison agrémentées d'un coulis, plutôt que d'un glaçage ou de chantilly.

Choisissez de bons ustensiles de cuisine

L'inox, la fonte, le verre et les matériaux émaillés sont les mieux à même de préserver votre santé. Bannissez tous les ustensiles en aluminium car lors de la cuisson, ce métal très toxique pénètre dans les aliments. Il est tout aussi déconseillé d'envelopper ceux-ci dans du papier alu.

En améliorant vos méthodes de cuisine et en incorporant plus d'aliments crus, de légumes, de fruits et de céréales complètes à votre menu, vous aurez une alimentation plus diététique, qui favorisera votre digestion et préservera votre santé en général.

Les suppléments nutritionnels

Les suppléments nutritionnels améliorent eux aussi les fonctions digestives car, comme nous l'avons vu, une digestion correcte dépend de toutes sortes de nutriments, souvent insuffisamment présents dans nos assiettes. Il existe une vaste gamme de suppléments favorisant un bien-être digestif. Voici ceux que les spécialistes recommandent le plus couramment.

Vitamines et minéraux

Dans un monde idéal, notre alimentation devrait nous procurer tous les nutriments nécessaires. Mais, issus d'un secteur agroalimentaire industrialisé qui abuse des pesticides, conservateurs et autres additifs, les aliments que nous consommons aujourd'hui ont perdu de leurs propriétés essentielles. L'emploi d'un bon supplément en vitamines et minéraux constitue une bonne assurance santé. Vous ne risquez guère la surdose, dès lors que vous respectez les apports quotidiens recommandés (AQR). Achetez un produit contenant l'AQR en vitamines A, B, C, D et E, ainsi qu'en manganèse, chrome, sélénium et zinc. Tous ces éléments jouent un rôle important dans le bon fonctionnement de l'estomac et du foie.

Probiotiques

Notre appareil digestif abrite des milliards et des milliards de bactéries, dont certaines ne sont pas inoffensives. Toutefois, une quantité suffisante de bonnes bactéries constitue notre première ligne de défense contre les mauvaises ainsi que contre les virus, qui entravent la digestion. Ces bonnes bactéries sont désignées sous le nom de probiotiques, dont les principales souches sont les *bifidus*, les *lactobacillus* et les *streptococcus*. Ces probiotiques ont la vertu de limiter le nombre des bactéries nocives et de reconstituer la paroi intestinale.

Les probiotiques s'achètent dans les magasins de diététique ou les pharmacies. Toutefois, il n'est pas nécessaire de prendre ce type de supplément chaque jour, sauf si vous devez rétablir votre système digestif à la suite d'une infection, ou si votre nutritionniste vous a prescrit ce traitement. Mieux vaut vous procurer vos doses en consommant quotidiennement des aliments fermentés : pain au levain, choucroute ou miso, par exemple, et des produits laitiers contenant du *Lactobacillus acidophilus*. Incorporer ces différentes denrées à l'alimentation habituelle est un excellent moyen de favoriser le développement de bonnes bactéries intestinales.

Pour nourrir ces bonnes bactéries, rien ne vaut des composants appelés « fructo-oligosaccharides » (FOS), également connus sous le nom de prébiotiques. Les fruits et notamment les bananes, les oignons, le graines de soja et l'orge en sont particulièrement riches. De façon générale, la consommation de fruits et légumes en quantité élevée favorise le développement des bactéries « amies », tandis qu'un régime très carné suscite la prolifération de bactéries nocives.

Quelques conseils avant de vous lancer

Dans les premiers jours de votre régime citron, votre motivation fléchira peut-être, par moments. Les conseils suivants vous aideront à vous tenir à distance des gâteaux au chocolat.

Tenez un journal de bord

Notez tout ce que vous mangez et buvez. Cela vous permettra de suivre vos progrès et vous dissuadera de céder à la tentation du grignotage, qui vous apporte calories et substances peu recommandées pour la santé. Sur le papier, faites-vous aussi la promesse de manger sain, de perdre du poids et de retrouver votre forme. Quand vous sentirez votre courage se relâcher, relisez-la. Cette astuce vous rebutera peut-être ; pourtant, elle vous remettra avec efficacité sur les rails.

Pratiquez la pensée positive

Lorsque vous n'aurez pas le moral et serez sur le point d'abandonner votre régime, songez à votre joie et à votre bien-être, une fois votre objectif atteint. Ne perdez pas de vue les bienfaits que votre amaigrissement va vous procurer. Visualisez la silhouette qui sera bientôt la vôtre… à condition de ne pas faire trop d'écarts.

Faites votre régime à deux

Vous craignez de manquer d'enthousiasme et de volonté pour faire un peu de sport, ou pour vous mettre à une cuisine plus diététique ? Trouvez dans votre entourage quelqu'un qui veuille faire le régime citron avec vous. L'expérience prouve que cela entretient la motivation. Veillez à bien choisir cette personne : il faut qu'elle vous soutienne dans votre entreprise, sans vous inciter à tricher ni se poser en concurrente, au risque de susciter en vous un sentiment d'échec. Faites de même avec votre conjoint et vos enfants : le régime citron est une mine de nutriments qui réussiront à toute la famille.

Composez des menus appétissants

Votre quotidien alimentaire vous ennuie ? C'est sans doute parce que vous mangez trop souvent la même chose. Oubliez l'idée selon laquelle pour se nourrir sainement et pour rester mince, il faut s'imposer un régime rébarbatif et insipide, à base de laitue et de concombre. Fixez-vous pour objectif de rendre votre cuisine plus créative. Promettez-vous à vous-même d'essayer chaque semaine un nouvel aliment frais. Agrémentez vos plats d'herbes et d'épices. Et élargissez votre quota de légumes, afin qu'ils ne soient plus de simples garnitures mais deviennent de véritables plats de résistance.

Remuez-vous

Vous vous trouvez trop fatigué pour faire de l'exercice ? Votre cas n'est pas isolé. Près de 60 % des gens expriment le même sentiment. Pourtant, il est un fait que plus on se bouge, plus on a d'énergie. La flemme vous accable ? Faites comme si vous débordiez de tonus. Imaginez-vous dans la peau de tel athlète ou telle célébrité, sans cesse sur la brèche. Curieusement, penser à ce dont sont capables les gens dynamiques nous encourage à les imiter. En adoptant cette démarche, vous deviendrez comme eux.

Récompensez-vous

Sachez vous récompenser pour vos exploits, même minimes. Cela soutiendra votre motivation et donnera un coup de pouce à votre amour-propre. Mais ne célébrez pas vos succès en engloutissant un cassoulet. Offrez-vous plutôt une séance de cinéma, un massage ou un vêtement.

Fixez-vous des objectifs, sous forme de kilos en moins

Calculez, si vous le souhaitez, votre indice de masse corporelle (IMC) ou votre rapport taille-hanches. Mais sachez que ces valeurs ne procurent qu'une idée approximative de votre situation. Votre poids dépend de facteurs très divers, comme la rétention d'eau, le cycle hormonal ou la masse musculaire. Mieux vaut donc vous méfier de ces chiffres. L'IMC, par exemple, varie en fonction de la musculature. Une personne musclée peut paraître en surpoids, alors qu'elle présente une masse adipeuse correcte. Faites ce qui vous convient le mieux pour atteindre votre but, mais n'oubliez pas que pour maigrir, il faut non pas surveiller tour de taille, indices et autres chiffres, mais plutôt faire chaque jour de bons choix alimentaires, qui vous aident à digérer et à brûler vos graisses.

Viser des objectifs trop ambitieux, comme perdre 3 kilos dans la semaine ou s'abstenir définitivement de manger du chocolat, c'est se faire des illusions. Fixez-vous un but plus réaliste, à atteindre en suivant un régime raisonnable. Ainsi, vos efforts se solderont par des succès, au lieu de ne se traduire que par un sentiment d'échec.

Plutôt que de vous dire : « Je dois perdre deux tailles d'ici un mois », essayez de muscler un peu vos bras et vos jambes. Avec un objectif bien spécifique comme celui-là, vous vous imposerez moins de pression et verrez vos bourrelets fondre tout naturellement. Adoptez d'abord un des principes du régime citron plutôt que de vous priver d'emblée de tous vos péchés mignons, au risque de vous mettre en manque. Bientôt, vous en transformerez deux ou trois autres en habitudes puis, enfin, ferez de même avec les trois derniers.

Les études démontrent qu'une perte de poids graduelle donne des résultats plus durables. Pour perdre des kilos de manière permanente grâce au régime citron, vous devez donc procéder par étapes.

De même, fixez-vous des objectifs raisonnables tant pour vos nouveaux menus que pour votre programme d'exercice physique. Visez une perte d'un demi-kilo ou d'un kilo au maximum par semaine. Un amaigrissement plus rapide consisterait juste à perdre de l'eau ou du muscle, et non de la graisse. Vos objectifs doivent porter non pas sur de simples résultats (perdre 10 kilos, par exemple), mais sur l'acquisition de nouvelles habitudes, notamment manger plus de fruits et légumes. Changer de mode de vie est la clé de votre amincissement.

Souvent, les personnes qui entreprennent un régime se placent d'office en situation d'échec, car elles poursuivent des attentes idéalistes quant à la silhouette rêvée ou au nombre de kilos qu'elles ont à perdre. Pourtant, nul n'est parfait. Par conséquent, chaque fois que vous vous jurez à vous-même ne plus jamais toucher à un paquet de biscuits apéritifs, ou que vous vous promettez de maîtriser totalement votre alimentation à l'avenir, vous vous vouez à l'échec par souci de perfection. Qui plus est, en enfreignant les règles rigides que vous vous imposez à vous-même, vous courez à la déception et à une frustration qui vous inciteront à manger encore plus.

L'erreur est humaine, ne l'oublions pas. Chacun d'entre nous connaît des défaillances. Par conséquent, bannissez les règles impératives et contentez-vous de viser à manger et à vivre de manière saine 80 % du temps. Rappelez-vous qu'il est impossible de respecter une alimentation parfaitement diététique en permanence, et qu'un petit plaisir à l'occasion – une barre chocolatée, une glace, un cappuccino bien crémeux ou un gâteau surmonté de chantilly – n'est pas synonyme de défaite. Le danger réside dans l'excès. Il importe vraiment que vous preniez plaisir à vous nourrir et que vous vous accordiez de temps à autre un petit écart. Dans le cadre du régime citron, il est vrai que certains aliments sont à éviter. Mais il n'y a pas d'interdit absolu.

(Vous trouverez au chapitre 8 : Rester motivé, d'autres conseils pour réussir votre régime citron, et notamment pour conserver toute votre motivation si votre amincissement connaît une phase stationnaire.)

LES SEPT PRINCIPES DU RÉGIME CITRON

Ne cherchez dans ce chapitre aucune méthode miracle. Ne vous attendez pas non plus à devoir compter des calories. Le régime citron n'est pas un régime comme les autres. Au lieu de vous priver, il vous incite à manger *davantage*, à condition que vos aliments soient riches en nutriments propres à faciliter votre digestion, à stimuler votre métabolisme et donc à vous faire perdre du poids une bonne fois pour toutes.

En présentant chacun des sept principes du régime citron exposés dans ce chapitre, j'explique en quoi il vous fera mincir. Vous trouverez ensuite, pour chacun, des idées de menus. Vous pourrez soit les suivre à la lettre, soit simplement vous en inspirer. Des conseils sur l'achat, la préparation et la consommation des citrons figurent au chapitre 6, ainsi que des recettes.

Il est recommandé d'adopter successivement chacun de ces principes pendant sept jours d'affilée. Toutefois, n'hésitez pas à vous accorder plus de temps si cela vous est nécessaire et n'abordez pas un nouveau principe tant que vous n'êtes pas tout à fait à l'aise avec le précédent. Procédez de la manière qui vous convient le mieux, plutôt que de vous laisser déborder par trop de changements à la fois.

Jour 1

Principe 1 :
Boire de la citronnade chaque matin au lever et de l'eau en abondance tout au long de la journée.

Pensez tous les matins, dès le lever, à boire un verre de jus de citron mélangé à de l'eau chaude. Il n'est pas utile de l'additionner de piment de Cayenne et de sirop d'érable comme lors des 24 heures de détoxication vues au chapitre 3. Ensuite, vous veillerez à boire beaucoup d'eau tout au long de la journée.

Pourquoi ?

Comme nous l'avons vu lors de vos 24 heures de détoxication, commencer sa journée par un verre de jus de citron et d'eau est un excellent moyen de stimuler le système digestif et de favoriser le transit. Quand bien même vous n'adopteriez aucun des six autres principes, faites tout de même débuter vos journées par une citronnade rafraîchissante et désaltérante ! Rien ne vous empêche d'en boire encore un ou deux verres plus tard. Pensez aussi à boire six à huit verres d'eau par jour, voire plus si vous faites de l'exercice physique.

Notre organisme se compose d'eau, pour les deux tiers. L'eau est essentielle pour toutes nos fonctions corporelles, c'est pourquoi il est primordial d'en absorber régulièrement et en abondance. S'il nous est possible de tenir pendant cinq semaines sans nous alimenter, nous ne saurions survivre sans eau au-delà de quelques jours.

L'eau est aussi un auxiliaire essentiel de votre amincissement, car elle joue un rôle de premier plan dans la digestion et dans l'élimination. En outre, elle assure le bon fonctionnement de vos cellules. Elle apporte vitamines, minéraux et autres nutriments indispensables à vos organes. Il faut également en boire en abondance pour que votre foie sépare et expulse les toxines. Enfin, si vous n'en buvez pas assez, vous risquez de ressentir fatigue, ballonnements, indigestions ou vertiges et d'avoir la peau terne.

Comment ?

Pour votre citronnade du lever, pressez le jus d'un citron dans un verre d'eau filtrée, chaude. Peu importe que vous utilisiez un presse-citron ou que vous exprimiez le jus à la main. Buvez votre verre avant de faire quoi que ce soit d'autre, puis poursuivez vos activités habituelles, douche, etc. Pour laisser au citron le temps de produire son effet magique, ne mangez ni ne buvez rien d'autre pendant une demi-heure.

Il est très important de boire six à huit verres d'eau filtrée dans la journée, même si vous n'avez pas de sensation de soif. En effet, quand on commence à avoir soif, on est peut-être déjà déshydraté. Ne buvez pas pendant vos repas ou collations : il vaut mieux que la distinction soit bien claire, pour votre appareil digestif, entre boire et manger. De plus, boire entre les repas présente l'avantage de couper l'appétit. Sachez que, souvent, on a l'impression d'avoir un creux alors qu'en fait, on a soif. Par ailleurs, lorsqu'il fait chaud ou que vous perdez de l'eau en transpirant, n'oubliez pas d'augmenter votre ration d'eau.

Utilisez de l'eau filtrée, au cas où votre eau du robinet serait contaminée par des toxines qui entament votre apport en nutriments, ou des produits chimiques qui engendrent déséquilibres hormonaux ou variations du taux de sucre sanguin, eux-mêmes à l'origine de kilos en trop. La carafe filtrante, facile à se procurer dans le commerce, est un moyen pratique d'améliorer la qualité de votre eau. Servez-vous de cette eau filtrée non seulement pour les boissons froides et chaudes, mais aussi pour la cuisine. Vous pouvez aussi acheter de l'eau, en bouteilles en verre plutôt qu'en plastique. En effet, une part de résidus provenant de l'intérieur des récipients en plastique, se dissout toujours dans le contenu.

Bien que l'eau pure soit la plus indiquée pour étancher la soif et hydrater l'organisme, n'oublions pas que les fruits et légumes contiennent 90 % d'eau.

Pour vous assurer de bien absorber la quantité d'eau nécessaire, emplissez une grande bouteille de la quantité de liquide que vous devez boire dans la journée. Emportez-la partout avec vous, en voiture, au travail, etc. Si elle est vide à l'heure du coucher, vous aurez atteint votre objectif.

Le principe numéro un vous incite à boire en abondance, certes. Mais pas en abondance d'alcool, de café ou de thé. L'alcool étant très riche en calories, n'en buvez pas plus d'un petit verre par jour, même s'il est vrai que des études montrent des effets bénéfiques du vin rouge en quantité modérée sur le système cardio-vasculaire. De même, il n'est pas nécessaire de bannir le café et le thé de votre quotidien. L'un et l'autre présentent des avantages pour la santé, à condition d'en consommer moins de 300 milligrammes par jour. Par conséquent, ne dépassez pas deux ou trois tasses. Le régime citron n'est pas synonyme d'interdiction !

Les boissons gazeuses provoquent gaz et ballonnements. Si vous avez des problèmes digestifs, il est préférable de les éviter. Rien ne vaut l'eau pour calmer la soif et vous hydrater, ce qui évite la fatigue, les irritations oculaires, le dessèchement de la peau et les rides. Et c'est encore mieux si vous y plongez une rondelle de citron, pour lui donner du goût. Outre que cela vous encourage à en boire encore plus, cela réduit les effets de vos repas sur votre taux de sucre sanguin, comme nous le verrons plus tard. N'hésitez pas à boire des jus de fruits frais, coupés d'eau. Mais méfiez-vous des produits qui se vantent d'être naturels alors qu'ils sont saturés de sucres et d'additifs. Les tisanes les plus diverses s'offrent également à vous. Enfin, il va sans dire que deux ou trois verres de citronnade, en plus de celui que vous absorbez au lever, sont un excellent moyen d'augmenter votre apport en eau quotidien.

Aux menus du jour 1

Essayez de boire un verre d'eau une demi-heure avant chaque repas ou collation, afin d'atteindre votre quota de six à huit verres par jour.

Au lever
Jus de citron dilué dans de l'eau chaude

Petit déjeuner
1 bol de salade de fruits mélangée avec du yaourt et 2 cuillerées à soupe de flocons d'avoine
30 cl de lait bio ou de lait de soja

Collation
8 amandes non salées
1 verre de jus de fruits frais coupé d'eau

Déjeuner
Soupe de légumes maison (page 120) ou bio en boîte
2 tranches de pain complet en sandwich, garni de salade et de fromage râpé

Collation
2 biscuits d'avoine, plus des tomates cerise et 1 c. à s. de fromage frais

Dîner
Poisson, poulet ou tofu grillé, assaisonné de sauce citron et huile d'olive (page 115)
Légumes (à feuilles vertes : chou kale (chou vert frisé), pak choi et épinards) sautés au wok et servis avec 1 c. à c. de graines de sésame
Pêches cuites à la cannelle
Boisson chaude au citron (page 109)

Jour 2

Principe 2 :
Tirer parti des super-pouvoirs de la vitamine C.

Aujourd'hui, en plus de votre citronnade matinale et de vos nombreux verres d'eau, vous devez absorber au moins cinq portions de fruits et de légumes, afin de vous garantir un apport suffisant en vitamine C. Dans l'idéal, il faudrait consommer deux portions de fruits et trois ou quatre portions de légumes. Une portion de fruit équivaut à un fruit de taille moyenne, comme une banane, une pomme, une orange ou un citron, par exemple. Quant aux portions de légumes, elles doivent être d'environ 200 grammes lorsqu'ils sont crus, et 100 grammes quand ils sont cuits. Si vous consommez un citron et son jus dans la journée, plus quatre portions au moins d'autres fruits et de légumes, vous aurez la certitude d'absorber la quantité nécessaire de vitamine C.

Pourquoi ?

Tous les légumes et la plupart des fruits sont de puissantes sources d'énergie, pour un faible apport calorique. Ils sont riches en vitamines, minéraux, fibres et autres éléments nutritifs qui renforcent les défenses immunitaires, régulent la production d'hormones, apaisent le système nerveux, facilitent la digestion et aident à maigrir. La vitamine C, qui figure parmi les nutriments contribuant le plus au métabolisme des graisses et à la perte de poids, se trouve en quantité dans la plupart des fruits et légumes. Et comme nous l'avons vu en page 23, le citron en constitue une excellente source.

Vous aider à garder la ligne n'est pas le seul avantage d'une alimentation riche en fruits et légumes. Celle-ci contribue probablement à réduire les risques de certains cancers et d'autres maladies chroniques.

Comment ?

Vous trouvez que cinq portions de fruits et légumes, c'est beaucoup ? Mais le citron que vous consommez dans la journée sous forme de jus et de zeste incorporé dans votre cuisine compte déjà pour une. Voici d'autres moyens faciles d'atteindre les cinq portions conseillées.

- Mélangez des fruits à vos céréales : banane, ananas, fraises coupées en tranches ou pomme râpée, par exemple.

- Pensez aux fruits surgelés : en plus d'être prêts à l'emploi, ils possèdent tout autant de qualités nutritives que les fruits frais. Le soir, mettez un bol de fruits rouges à décongeler. Le lendemain matin, vous n'aurez plus qu'à leur ajouter du yaourt et une poignée d'amandes ou autres fruits à coque pour vous confectionner un délicieux petit déjeuner. En l'absence de produits frais, les fruits et légumes surgelés représentent vraiment de bons substituts. Veillez toutefois à ne choisir que ceux qui sont exempts de sucres ajoutés, sirops, crèmes ou autres nids à calories.
- Investissez dans un presse-fruits. Vous pourrez ainsi faire vos jus maison, fraîchement pressés, avec vos fruits et légumes préférés. Essayez d'associer pomme et carotte, pomme et banane, pomme et céleri ou poire et mangue, par exemple.
- Faciles à transporter et bourrés de fibres, les fruits secs sont idéaux pour une petite collation sur le pouce. Vous vous ferez un régal de raisins, pruneaux, figues ou abricots. Mais sachez que les fruits secs, quelle que soit la quantité que vous en mangiez, ne comptent que pour une portion, sur vos cinq quotidiennes.
- Croquez-les crus ! Carotte, céleri, concombre et autres légumes sont une mine de tonus, de même que les germes d'alfalfa, par exemple. Et si vous les plongez dans de la *salsa* (sauce apéritive au piment), vous profiterez, en plus, d'un excellent apport en antioxydant.
- Faites-vous des potages maison, à base de carotte, tomate ou cresson, par exemple. Vous pouvez aussi les acheter tout prêts, mais évitez les produits comportant toutes sortes de conservateurs et autres additifs.
- Veillez à consommer tous les jours deux types de légumes au dîner.

- N'hésitez pas à recourir aux produits prêts à l'emploi : salades lavées et coupées, légumes qu'il suffit de jeter dans le cuit-vapeur, champignons précoupés que vous ferez sauter en quelques minutes, ou mélanges précomposés pour cuisson au wok.
- Pensez aux légumes secs ! Haricots, lentilles, pois chiches... Ils compteront pour une portion, quelle que soit la quantité consommée dans la journée. Des haricots, par exemple, seront aussi bienvenus dans une soupe que dans un plat de résistance ou une salade.
- Jouez sur toute une palette de couleurs. Vous préparez une salade verte ? Pourquoi ne pas la rehausser de poivrons jaunes, de carottes et de tomates ? Cette diversité traduit un apport dans toute une gamme de nutriments, et autant de bienfaits.
- Essayez régulièrement des aliments nouveaux. Parions qu'il existe une multitude de variétés de fruits ou légumes auxquels vous n'avez jamais goûté. Alors, diversifiez le contenu de votre panier à provisions !

Aux menus du jour 2

Aujourd'hui, chaque fois que vous aurez faim, grignotez des légumes frais ou savourez un fruit.

Au lever
Jus de citron dilué dans de l'eau chaude

Petit déjeuner
1 œuf poché
2 tranches de pain complet grillé avec une lamelle de beurre et une tomate cuite au gril

1 pomme
30 cl de lait bio ou de lait de soja

Collation

2 abricots frais ou secs et quelques cacahuètes non salées
Pomme, cresson et jus de citron (page 110)

Déjeuner

3 c. à s. de haricots blancs, autant de haricots rouges et de pois chiches, mélangés avec des tomates et du poivron vert, le tout assaisonné de jus de citron
1 petit pain complet
1 grosse salade verte, avec de la ciboule
1 kiwi

Collation

1 biscuit d'avoine avec du fromage frais et des fraises

Dîner

Ragoût de légumes (page 137)
Banane grillée nappée de 2 carrés de bon chocolat noir fondus

Jour 3

Principe 3 :
Réguler son taux de sucre sanguin.

Après avoir bu votre citronnade matinale et décidé de vos cinq portions de fruits et légumes de la journée, il est temps maintenant d'adopter le troisième principe du régime citron : réguler votre taux de sucre sanguin.

Pourquoi ?

Irritabilité, sautes d'humeur, trous de mémoire, confusion, manque de concentration, anxiété, prise de poids, fatigue et maux de tête sont tous symptômes d'une instabilité du taux de sucre sanguin. Réguler celui-ci est l'un des meilleurs moyens de maigrir. En effet, lorsque cette valeur est basse, on éprouve de terribles envies de manger – en général, des aliments sucrés, à l'origine de kilos en trop. À l'inverse, lorsque le taux de sucre sanguin est trop élevé, l'insuline suit la même tendance. Or, cette hormone aide au transfert du sucre sanguin (le glucose) vers les cellules, pour les alimenter en énergie. En d'autres termes, l'insuline favorise le stockage des sucres dans les cellules sous forme de triglycérides (graisses). C'est une des raisons pour lesquelles les fluctuations du taux de sucre sanguin se traduisent par une prise de poids. De nombreuses études confirment le rapport entre un taux d'insuline élevé et une obésité.

Comment ?

Pour réguler votre taux de sucre sanguin comme pour bien d'autres choses, le citron est votre allié. Il suffit d'arroser vos plats d'une ou deux cuillerées à café de jus, ou d'incorporer jus et zeste à votre cuisine, pour atténuer les effets de vos repas sur ce taux de glycémie, car le citron favorise une diffusion du sucre petit à petit dans le sang. Cela limite la sécrétion d'insuline et évite le stockage des sucres sous forme de graisses. Une ou deux cuillerées de jus de citron peuvent ainsi réduire de 30 % les répercussions d'un repas sur la quantité de sucre sanguin. Signalons que le vinaigre présente la même propriété.

Consommez des protéines

Il existe un autre excellent moyen de maintenir votre taux de sucre à un niveau stable : consommer un peu de protéines à chaque repas. En effet, celles-ci retardent l'absorption des glucides et des lipides consommés en même temps. En outre, elles procurent à l'organisme un apport régulier en aminoacides, qui servent à la fabrication et à l'entretien des cellules, ainsi qu'à la sécrétion d'hormones et de substances chimiques nécessaires à l'activité cérébrale. L'organisme n'étant pas apte à stocker des protéines, il est indispensable de lui en fournir en permanence. C'est pourquoi vous devez, à chaque repas, absorber de petites portions de protéines de bonne qualité. Celles-ci sont présentes dans les œufs, le poisson, le pain complet, les légumes (secs, notamment), les noix, noisettes et autres fruits à coque, les graines et les produits à base de soja. Vous constaterez qu'il est très facile d'en incorporer à votre alimentation, y compris lors d'une simple collation. Il suffit d'associer, par exemple, du riz et des légumes secs, ou un fruit et quelques graines ou noisettes. Pour mieux digérer les protéines, ajoutez-leur un peu de jus de citron. Et servez vos plats de poisson entourés de rondelles de citron, cela fera toute la différence.

Mangez à intervalles réguliers

En plus de tirer parti des vertus du jus de citron, il est un autre moyen efficace de préserver la stabilité de son taux de sucre : manger régulièrement. Le taux de sucre sanguin et le métabolisme s'effondrent lorsqu'on espace trop ses repas. À l'inverse, manger cinq ou six fois dans la journée permet de lutter contre les fringales, la fatigue et le manque de concentration. En outre, cela garantit un bon fonctionnement du métabolisme, qui brûle des graisses même quand on est au repos. C'est pourquoi le programme quotidien suivant est recommandé : un petit déjeuner consistant, suivi d'une collation, d'un bon déjeuner, d'une seconde collation en milieu d'après-midi, puis d'un dîner léger. De cette manière, vous ne connaîtrez plus de gros creux, et votre taux de sucre sanguin demeurera stable. Le but de l'opération est de soutenir sans cesse votre métabolisme, en lui apportant régulièrement des aliments de qualité nutritive élevée. Par conséquent, ne restez plus, dorénavant, trop longtemps sans prendre un repas ou une collation.

Ne sautez pas le petit déjeuner

Retenez bien ceci : il est toujours néfaste de sauter un repas ou de jeûner, sous prétexte qu'on a des kilos à perdre. Le petit déjeuner est indispensable. En fait, c'est même le repas le plus important. C'est lui qui relance le métabolisme (brûleur de graisses) pour toute la journée. Il a d'ailleurs été démontré que les personnes faisant l'impasse sur le petit déjeuner présentaient souvent une surcharge pondérale.

Consommez les bons glucides

Voici encore une autre façon de réguler votre taux de sucre sanguin : consommez les bons glucides. La rapidité plus ou moins grande de l'effet des glucides sur l'augmentation de ce taux se traduit par leur indice glycémique (IG). Or, les aliments caractérisés par un faible IG augmentent moins vite le passage du sucre dans le sang. Ils favorisent donc un meilleur contrôle de la glycémie et limitent le risque de prise de poids. Le riz et le pain complets, de même que les légumes, sont des sources typiques de glucides à faible IG. En revanche, les aliments résultant d'une transformation, comme les pâtisseries, biscuits ou confiseries, ainsi que certains fruits, présentent un IG élevé et ont des répercussions trop rapides sur le taux de sucre sanguin. Pour évaluer l'IG d'un aliment sans avoir à consulter de complexes tableaux, demandez-vous s'il est plus ou moins raffiné ou élaboré. S'il l'est beaucoup, autrement dit, s'il contient une quantité de sucre, de sel, d'additifs et de conservateurs, il est à parier qu'il fera grimper votre taux de sucre en flèche. À l'inverse, plus il est proche de son état brut, plus il abaissera ce taux.

L'IG est un indice utile pour ceux qui doivent maigrir. Mais il ne faut toutefois pas vous référer à lui seul pour sélectionner vos aliments. Certains, dont l'IG est élevé, comme les carottes, offrent un considérable intérêt nutritif. D'autres, d'un faible IG, sont sans valeur diététique. C'est le cas des bâtonnets glacés, par exemple. Entre les deux, le choix est évident ! En fait, il vaut mieux considérer l'IG d'un repas ou d'une collation dans son ensemble. Par exemple, pourquoi vous priver des précieux nutriments de l'ananas, de la patate douce ou du rutabaga, dès lors que vous les associez à des protéines ou à des fibres (*voir ci-après*) ? En effet, ces dernières ont pour effet de ralentir la diffusion de sucre dans le sang. Vous pouvez aussi profiter des bienfaits d'aliments à IG élevé, comme la pastèque ou les fruits secs, en limitant vos portions.

Mangez des fibres

Enfin, pour maigrir, il importe de manger des fibres en quantité. En effet, elles ralentissent le passage de sucre dans le sang et participent donc à la régulation du taux de sucre sanguin. En outre, elles favorisent une bonne digestion, en assurant un transit régulier des déchets. De ce fait, vous êtes moins ballonné et la quantité de toxines qui passent dans votre sang est moins importante. Il est recommandé d'absorber 30 à 60 grammes de fibres par jour, ainsi que beaucoup de liquides, pour un parcours correct de ces fibres dans le système digestif. Comme nous l'avons vu au chapitre 1, le citron est une remarquable source de fibres. Boire votre citronnade du matin, incorporer du citron à votre cuisine et en ajouter quelques gouttes sur vos plats, optimise votre apport en fibres. Rappelons que les fruits et légumes sont, en général, des sources idéales de fibres, de même que les céréales complètes, les fruits à coque et les graines.

Aux menus du jour 3

Souvenez-vous que, désormais, le jus de citron est l'assaisonnement favori de vos salades, poissons et viandes.

Au lever
Jus de citron dilué dans de l'eau chaude

Petit déjeuner
Framboises, fraises et 2 c. à s. de flocons d'avoine mélangés à 30 cl de lait, plus 1 nectarine

Collation
Salade de fruits au jus de citron
30 cl de lait bio ou de lait de soja

Déjeuner
Salade de haricots chauds (page 132)
Petit pain complet avec une lamelle de beurre
1 pot de yaourt nature

Collation
1 c. à s. de graines de tournesol
1 petite grappe de raisin

Dîner
1 filet de saumon au jus de citron, cuit au four, avec un large assortiment de légumes cuits à la vapeur
1 petite boule de glace au chocolat, accompagnée de noix concassées

Jour 3 – Récapitulatif

- Mangez à intervalles réguliers (repas ou collation) et ne sautez jamais le petit déjeuner.
- Consommez à chaque repas des protéines de bonne qualité.
- Privilégiez des aliments riches en fibres et aussi peu raffinés que possible.
- Utilisez le citron comme ingrédient dans votre cuisine et comme assaisonnement sur vos plats.

Cette journée a été riche en nouveautés. Peut-être vous faudra-t-il plusieurs jours pour vous adapter à toutes ces recommandations, surtout si jusqu'alors votre régime était pauvre en fibres, si vos petits déjeuners étaient quasi inexistants ou si vous étiez accro à la caféine.

Jour 4

Principe 4 :
Manger moins de sucre.

Avec le précédent principe, nous avons touché à une question stratégique : la stabilisation du taux de sucre sanguin. Mais consommer moins de sucre quand on doit maigrir est tellement important qu'il vaut la peine de revenir sur ce point.

Pourquoi ?

S'il existe de nombreux facteurs à l'origine de surcharges pondérales, les spécialistes s'accordent sur le fait que le sucre contribue à aggraver la situation. En effet, celui-ci stimule la production d'insuline. À son tour, celle-ci fait baisser le taux de sucre sanguin. Mais lorsque ce taux est instable, on a tendance à stocker une plus grande partie de l'apport alimentaire sous forme de graisses. De plus, on est davantage sujet à d'irrépressibles envies de denrées fortement sucrées et à haute teneur en calories. Leur absorption fait grimper en flèche le taux de sucre sanguin, ce qui déclenche la production d'insuline qui fait baisser le taux sanguin de sucre au plus bas. Dans ce cercle vicieux, on n'arrive pas à maigrir. On est fatigué, sur les nerfs. En outre, le sucre impose un surcroît d'effort au foie, ce qui perturbe le processus digestif et prive l'organisme des nutriments indispensables pour maigrir et se sentir en forme. La solution est simple : manger moins de sucre.

Comment ?

Quand vous vous sentez en manque de sucre, ne bondissez pas sur du chocolat ou autres friandises, qui feraient remonter votre taux de sucre sanguin à vive allure. Mangez plutôt des aliments à faible IG, propres à fournir à votre organisme un apport régulier en sucre (voir Jour 3, page 62). Sachez que les aliments raffinés – pain ou riz blancs, purée en flocons ou corn-flakes, par exemple – ont dans l'organisme un effet similaire au sucre. Préférez-leur les céréales complètes ainsi que les légumes et fruits frais, à consommer en même temps que des protéines.

Pour surveiller votre consommation de sucre, apprenez à décrypter les étiquettes*. Le sucre est un ingrédient caché dans de nombreux denrées, en particulier les produits vendus prêts à consommer. Il se présente sous diverses appellations : dextrose, fructose, glucose, maltose, sucrose… Et dans les aliments les plus divers : sirops, jus de fruits concentrés, miel, etc. Consommez dorénavant des fruits frais plutôt qu'en conserves. Et oubliez le sucrier. La cannelle, la cardamome ou la noix de muscade, entre autres épices, apportent une pointe de saveur sans ajout de sucre. On conseille souvent le sucre roux ou la cassonade, comme substituts au sucre blanc. Pourtant, ils produisent à peu près les mêmes effets. La seule différence consiste souvent, pour les obtenir, à réincorporer au sucre blanc une partie de la mélasse. Ces sucres présentent un indice glycémique presque aussi élevé que celui du sucre blanc. Il vaut donc mieux les éviter.

Enfin, peut-être vous étonnez-vous de n'avoir pas encore vu le jus de citron faire une apparition dans cette section. C'est parce qu'il faut garder le meilleur pour la fin ! Le sucre est très acide. Or, l'organisme doit conserver un délicat équilibre entre substances acides et basiques. Chaque organe ou tissu se caractérise par une proportion particulière entre substances acides et basiques (ou alcalines), c'est-à-dire le pH qu'il doit conserver pour fonctionner au mieux. Le régime traditionnel occidental, riche en sucres et en produits élaborés, modifie cet équilibre en augmentant la part d'acidité dans l'organisme, au point d'y favoriser le développement de virus et de bactéries. En effet, notre système immunitaire assure sa fonction à un niveau de pH intermédiaire. Lorsque son pH est acide, il devient inapte à lutter contre les virus sur leur propre « terrain ». Mais certains aliments nous aident à rééquilibrer notre pH, en augmentant sa proportion basique. L'un d'eux

* Voir aussi *Savez-vous vraiment ce que vous mangez ?*, Laurence Wittner (Leduc.s Editions, 2007)

est le citron. Certes, son jus est relativement acide. Mais il stimule la production de substances qui ont la propriété de neutraliser les acides. Manger du citron a donc pour effet de neutraliser l'acidité présente dans l'organisme, au bénéfice de votre santé.

Astuces pour réduire votre consommation de sucre

- Le moyen le plus simple de réduire du jour au lendemain votre consommation de sucre consiste à en ajouter moins à ce que vous mangez. Principales cibles à viser : le café, le thé et les céréales du petit déjeuner. Si ce n'est déjà fait, débarrassez-vous une fois pour toutes de votre sucrier.
- Ne vous laissez pas tromper par des formes de sucres prétendument diététiques, comme le sucre brut ou roux. Du point de vue de votre santé et de votre ligne, elles reviennent au même, peu ou prou.
- Faites réellement l'effort de réduire, voire d'éliminer de votre alimentation les glucides transformés tels que pain blanc, pâtes et biscuits, par exemple. Ils sont essentiellement composés de farine et autres ingrédients qui, dans l'organisme, se convertissent en sucre presque aussi vite que du glucose pur. Ce sucre est stocké sous forme de triglycérides, qui ne sont autres que des graisses.
- Les sucres naturellement contenus dans les fruits passent très vite dans le sang. Pour limiter leurs effets, accompagnez toujours vos fruits de quelques noix, amandes ou graines.
- Fuyez les produits de grignotage et autres coupe-faim dits « sans matière grasse ». Faire croire qu'ils vous évitent de prendre des kilos est une vaste supercherie. Ce n'est pas parce que ces produits ne contiennent pas de graisses qu'ils ne sont pas caloriques. La preuve : la plupart d'entre eux sont bourrés de sucre.

- Méfiez-vous aussi des édulcorants artificiels. Ils provoquent de furieuses envies de glucides.
- Le sirop d'érable est un bon substitut du sucre, à condition de l'utiliser avec modération. Il apporte une quantité d'oligo-éléments tels que le zinc et le manganèse, qui jouent un rôle important dans le métabolisme des graisses.
- Le miel se digère plus facilement que le sucre. Pur et non pasteurisé, il est riche en composants qui favorisent la cicatrisation, tuent les bactéries, calment les maux de gorge, apaisent les troubles digestifs et atténuent les réactions allergiques locales. En outre, à quantité égale, le miel a un effet plus adoucissant que le sucre. On peut donc en incorporer une moindre dose dans les gâteaux et autres préparations culinaires.
- Le xylitol est un édulcorant d'aspect blanc et cristallin, caractérisé par un faible indice glycémique. Il existe à l'état naturel dans les baies et d'autres fruits, dans les légumes et les champignons, ainsi que dans le bouleau. D'ailleurs, les Finlandais l'appellent « sucre de bouleau », car le principal ingrédient entrant dans sa fabrication est le xylan, ou fibre de bois. Également présente dans notre organisme, cette substance est tout à fait inoffensive (contrairement à bien d'autres succédanés de sucre).

DÉSACCOUTUMANCE AU SUCRE ET À LA CAFÉINE

Quand vous réduirez ou supprimerez votre consommation de sucre ou de caféine, attendez-vous à connaître fatigue, irritabilité et maux de tête pendant quelques jours. Le cas échéant, buvez de l'eau en quantité, prenez un bain pour vous détendre. Tenez bon, car surmonter cette forme d'addiction fera des merveilles sur votre appétit, votre équilibre et votre énergie.

Aux menus du jour 4

Aujourd'hui, dès que vous sentirez le creux arriver et que vous mourrez d'envie de sucreries, accordez-vous un fruit frais, des fruits secs ou un velouté aux fruits. (Vous trouverez au chapitre 6 des recettes de jus et de veloutés à la saveur sucrée.) Seul le chocolat peut soulager votre fringale ? Offrez-vous quelques carrés de chocolat noir de qualité, à 70 % de cacao au moins.

Au lever
Jus de citron dilué dans de l'eau chaude

Petit déjeuner
Milk-shake à la banane : mixez 30 cl de lait bio ou de lait de soja, 1 pot de yaourt, 2 petites bananes et 1 c. à s. de raisins secs.
2 tranches de pain complet grillé avec une fine lamelle de beurre.

Collation
Quelques graines, fruits secs et fruits à coque variés

Déjeuner
1 pomme de terre en robe des champs, plus une petite boîte de haricots en conserve (sans sucres)
1 grosse salade saupoudrée d'une pincée de fromage râpé
1 poire ou 1 pêche

Collation
Hommous avec bâtonnets de légumes (page 115)

Dîner
Poivron farci : mixez 4 c. à s. de riz basmati cuit, 2 c. à c. de pignons, de la ciboule hachée, des tomates cerise et 60 g de feta.

Coupez un poivron rouge en deux, ôtez les graines et emplissez-le de cette préparation. Recouvrez de papier pour cuisson, passez au four et servez avec une bonne portion de légumes cuits vapeur, le tout assaisonné de sauce citron aux graines de pavot (page 114).
Pomme au four, légèrement nappée de sirop d'érable et saupoudrée de cannelle

Jour 5

Principe 5 :
Oublier les produits dits « allégés ».

Voici en quoi votre régime doit consister :

- 25 % de bonnes protéines : fruits à coque, graines, œufs, légumes à feuilles vertes, légumineuses et poisson
- 50 % de bons glucides : céréales complètes bio, légumes, notamment secs, et fruits
- 25 % de bons lipides

Vous le constatez, les graisses (en tout cas, les bonnes), représentent une part considérable d'une alimentation saine.

Pourquoi ?

Nombre d'entre nous s'astreignent, parfois depuis des années, à des régimes pauvres en lipides. Il est vrai que les graisses apportent beaucoup de calories. Pour maigrir, il faut pourtant en consommer. Mais vous devez vous limiter aux bonnes graisses, et n'en manger qu'en quantité modérée.

En effet, un régime trop pauvre en lipides engendre sautes d'humeur, problèmes de peau, douleurs articulaires, infertilité et prise de poids. À l'inverse, la consommation de bonnes graisses est un facteur d'amaigrissement, car celles-ci ralentissent le passage des glucides dans le sang. Elles contribuent donc à réguler le taux de sucre sanguin et à limiter la production d'insuline.

Comment ?

Pour bien faire, 20 à 25 % de votre alimentation devrait consister en bonnes graisses, qui se présentent sous l'une des formes suivantes.

- Acides gras essentiels (AGE) polyinsaturés de type oméga 3 (acide alphalinolénique) et 6 (acide linoléique), que l'on trouve dans les noix, noisettes et autres fruits à coque, les graines et les poissons gras (maquereau, hareng, saumon, sardine et thon), huiles de colza, de noix, de noisette, de cameline. Ce sont d'excellents stabilisateurs du sucre sanguin et de la sécrétion hormonale.
- Acides gras mono-insaturés contenus dans l'huile d'olive vierge extra.

En revanche, les lipides suivants sont à éviter.

- Graisses saturées, contenues dans la viande rouge ainsi que dans les pâtisseries.
- Acides gras trans, présents dans de nombreux produits de l'industrie alimentaire.

Ces mauvaises graisses, d'un faible intérêt nutritif, favorisent le risque de maladies cardio-vasculaires et d'obésité.

En résumé, pensez à manger du poisson au moins deux fois par semaine, avec une portion de poisson gras. Agrémentez-le de jus de citron qui rehausse la saveur de votre plat et rend la totalité de votre repas plus digeste. Consommez aussi une petite portion de fruits à coque (amandes, noix) et des graines (lin, tournesol, courge, chanvre), à chacune de vos collations quotidiennes.

Aux menus du jour 5

Vous n'avez pas la certitude de trouver dans votre ordinaire assez d'acides gras essentiels ? Vous avez tout à gagner à prendre de l'huile de foie de morue en supplément, riche en acides gras oméga 3.

Au lever
Jus de citron dilué dans de l'eau chaude

Petit déjeuner
1 œuf dur et 1 tomate coupés en rondelles, sur une tranche de pain de seigle
½ douzaine de framboises

Collation
1 poignée de fruits à coque
30 cl de lait de soja

Déjeuner
Canapé au saumon fumé et au concombre (page 127)
1 pot de yaourt

Collation
1 pêche

1 poignée de grains de raisins
1 poignée de graines de tournesol

Dîner
Pâtes aux thon et au maïs : mélangez 6 c. à s. de pâtes complètes cuites avec ½ boîte de thon au naturel, 2 c. à s. de maïs et la moitié d'une petite boîte de sauce tomate. Servez chaud, accompagné de légumes vapeur et assaisonné de jus de citron.
Compote aux fruits secs (page 143)

Jour 6

Principe 6 :
Consommer beaucoup d'aliments complets ou nature.

Les aliments complets, c'est-à-dire non raffinés, ou aussi proches que possible de leur forme naturelle, qu'il s'agisse de céréales (le riz, par exemple), de pâtes, de fruits, de légumes (en particulier des légumes secs, comme les pois et les haricots), sont une abondante source en nutriments. En outre, ils ne contiennent pas d'additifs, tels que colorants artificiels ou conservateurs.

Pourquoi ?

Les aliments complets ou nature regorgent de nutriments indispensables à notre santé et à notre ligne. Ils sont riches en fibres, qui ont des effets stimulants sur notre système digestif, et ralentissent la transformation des glucides en glucose. Mais surtout, ces aliments – en particulier lorsqu'ils sont bio – ne contiennent pas de sucres cachés, ni de ces substances artificielles qui entravent notre digestion, surchargent notre foie et empêchent notre organisme de brûler nos graisses. En consommant autant de ces aliments frais que vous le souhaitez, vous apporterez un phénoménal soutien aux fonctions détoxifiantes de votre organisme.

Ces aliments non raffinés ni élaborés vous détoxifient de manière encore plus efficace lorsqu'ils sont mangés crus. En effet, ils vous apportent alors une quantité d'enzymes, qui, inlassablement, séparent ce que vous avez absorbé, assistent votre système digestif, renforcent vos défenses immunitaires, assurent le bon fonctionnement du métabolisme et éliminent les toxines présentes dans votre corps.

Comment ?

Vous avez commencé à adopter les préceptes du régime citron ? Vous devez donc déjà manger des produits sains et frais en abondance, tout en évitant ceux qui contiennent beaucoup de sucres et de graisses. Le citron est un fruit complet, d'une incroyable richesse en nutriments. Boire un verre de son jus, dès le lever, est le parfait démarrage d'une journée qui se poursuivra, espérons-le, sur cette lancée en accordant la priorité à des denrées et boissons aussi fraîches et saines que possible.

Lorsque vous achetez du pain, des pâtes ou des céréales, choisissez-les complets. Accompagnez-les de beaucoup de légumes et de fruits. Essayez de vous procurer ou de confectionner des soupes, jus (non produits à partir de concentrés) et entremets frais. Mangez une assiette de crudités à chaque repas. Sans aller jusqu'à n'avaler que des aliments crus – votre système digestif ne le supporterait pas – efforcez-vous d'en consommer davantage. Voici quelques conseils simples à suivre pour incorporer plus d'aliments frais dans vos menus.

- Les soupes et salades composées de légumes et de graines sont faciles à préparer et à garder au réfrigérateur.
- Les « cuit-vapeur », avec leurs éléments superposés, sont pratiques pour cuire en même temps du poisson et des légumes. Pour ces derniers, la vapeur est le mode de cuisson idéal, car elle préserve la plupart des nutriments, ce qui n'est pas le cas lorsqu'on les fait bouillir.
- Ayez toujours des fruits ou légumes frais sous la main, y compris sur votre lieu de travail.
- Quand vous faites une pizza avec une pâte prête à l'emploi, garnissez-la avec votre propre choix de légumes frais et autres ingrédients.
- Une tranche de pain complet surmontée de poulet, de thon ou de tofu et accompagnée d'une assiette de crudités constitue un repas aussi frais et léger que rapide à préparer.
- Quand vous mangez à l'extérieur, commandez toujours une assiette de crudités, en accompagnement. Mais laissez la vinaigrette de côté et assaisonnez vous-même vos crudités.

Attention, les aliments les plus frais perdent leurs qualités nutritives lorsqu'on les prépare de façon inappropriée. Revoyez les conseils présentés en page 42 (Chapitre 3), pour que votre cuisine soit la plus saine possible.

Dînez léger

Il vaut mieux consommer pain, pâtes, riz et autres aliments complets dans la journée plutôt que le soir. En effet, en réduisant votre apport en glucides au dîner, vous réduirez automatiquement la quantité de calories absorbées, sans avoir à compter celles-ci. Et sans vous priver de ces précieux glucides, puisque vous les aurez consommés au petit déjeuner et au déjeuner. En outre, cela vous permettra de tirer parti des qualités nutritives des fruits et légumes lors du repas du soir, tout en limitant les risques de gaz et ballonnements.

Sachez ce que vous mangez

Pour être certain de consommer aussi frais et naturel que possible, le meilleur choix consiste à acheter des produits bio qui contiennent peu voire pas du tout de substances chimiques.

Prenez aussi l'habitude de vérifier les étiquettes des produits, pour avoir une idée de la quantité d'additifs dont vous vous apprêtez à saturer votre foie. À l'heure actuelle, s'assurer que tout ce que nous mangeons est frais et dénué de toxines relève de l'impossible. Par conséquent, si vous devez acheter des produits élaborés, optez de préférence pour ceux qui affichent la plus courte liste d'ingrédients artificiels. Les recommandations du chapitre 3 (page 37) vous aideront aussi à faire le meilleur choix.

Aux menus du jour 6

Aujourd'hui, veillez à augmenter votre dose de fruits et légumes crus, car sous cette forme, il y a plus de chances qu'ils soient frais et naturels.

Au lever

Jus de citron dilué dans de l'eau chaude

Petit déjeuner

1 bol de salade de fruits frais

1 pot de yaourt nature maigre avec 2 c. à s. de flocons d'avoine

30 cl de lait bio ou de lait de soja

Collation

1 nectarine

1 poignée de graines et fruits à coque variés

Déjeuner

1 petit avocat accompagné de crevettes

Salade assaisonnée de jus de citron, d'huile d'olive et de vinaigre balsamique

1 pomme

Collation

1 tranche de pain complet grillé avec du fromage râpé

Dîner

Omelette confectionnée avec 2 œufs, des champignons émincés, 3 c. à s. de fromage râpé et de l'huile, diffusée à l'aide d'un vaporisateur

Légumes vapeur

1 petite banane

Quelques fraises

Jour 7

Principe 7 : Appliquez les règles d'une bonne digestion.

Pourquoi ?

Comme nous l'avons vu, une mauvaise digestion prive l'organisme des nutriments indispensables à un métabolisme satisfaisant et à l'élimination des kilos en trop, quand bien même vous vous alimenteriez le plus sainement possible. Si vous suivez d'ores et déjà les principes énoncés jusqu'à présent, et que vous buvez votre citronnade tous les matins, vous devez avoir constaté une amélioration. Mais pour parfaire la situation, voici quelques conseils à transformer en habitudes.

Comment ?

Mâchez et remâchez

Quand on ne mâche pas suffisamment sa nourriture, on donne un surcroît de travail au reste du système digestif, ce qui lui impose un stress. Outre qu'elle rend les aliments plus faciles à avaler, la salive contient des enzymes qui participent au processus de digestion. Si on ne mastique pas assez, les nutriments ne passent pas dans l'organisme. De plus, les matières non digérées favorisent la prolifération de mauvaises bactéries. Enfin, on souffre de gaz et d'autres troubles digestifs. Par ailleurs, la mastication a pour effet de détendre les muscles abdominaux inférieurs et de déclencher des messages qui activent le processus digestif dans son ensemble. Habituez-vous à mâcher vos bouchées jusqu'à les réduire assez pour les avaler facilement. Un indice : si vous arrivez encore à reconnaître l'aliment que vous avez en bouche non seulement à sont goût mais aussi à sa texture, c'est signe que vous ne l'avez pas suffisamment mastiqué.

Mangez dans de bonnes conditions

Prenez votre temps. Entre deux bouchées, posez couteau et fourchette sur la table. Pour une digestion correcte, la façon dont on mange compte autant que ce qu'on mange. Consommez des portions modérées et mangez à heures régulières : l'appareil digestif fonctionne mieux lorsqu'il sait à quoi s'attendre. Enfin, n'oubliez pas de mastiquer chaque bouchée. Savourez-la au maximum !

Ne mettez pas vos soucis dans votre assiette

L'estomac et les intestins sont très sensibles au stress. En cas d'anxiété, la digestion s'interrompt afin d'aider le reste du corps à se préparer à la riposte. Autrement dit, les aliments ne sont que partiellement digérés et assimilés, d'où une déperdition de nutriments. Quand les soucis se prolongent dans le temps, l'organisme, en état d'alerte permanent, perd peu à peu de son aptitude à produire des acides et enzymes digestifs. Il importe donc, tant pour votre bien-être physique que pour votre équilibre psychologique, de réussir à surmonter vos tensions. Le régime citron peut vous y aider, de même qu'une bonne nuit de sommeil et quelques autres bons moyens de vous détendre et de vous déconnecter de vos causes de préoccupation. (*Voir aussi les conseils du chapitre 8 : Rester motivé, p.169, pour parer aux effets néfastes du stress.*)

N'invitez pas votre fatigue à dîner

Ne mangez jamais lorsque vous êtes à bout de fatigue, physique ou intellectuelle. Et ne dînez jamais non plus dans les deux heures qui précèdent votre coucher. Une légère collation est acceptable, si vous avez vraiment faim, mais sachez qu'à cette heure-là, votre organisme a besoin de se reposer, pas de digérer.

Éteignez la télévision

Quand vous regardez la télévision en mangeant, vous ne vous concentrez pas sur ce qu'il y a dans votre assiette et donc, vous avez tendance à trop manger. Cela alourdit la tâche de votre estomac et oblige votre cœur à battre plus vite. L'excédent de nourriture absorbée n'est pas digéré correctement. De ce fait, il n'arrive pas dans le sang à l'état de molécules suffisamment petites pour que l'organisme en tire le meilleur parti. Inutile de vous rappeler que l'excès de nourriture se transforme en excès de graisse.

Faites une pause avant le dessert

Vous avez terminé votre repas et pourtant vous avez encore faim ? Attendez une vingtaine de minutes avant de continuer à manger. C'est le temps qu'il faut au cerveau pour se mettre au diapason de l'estomac et comprendre que vous êtes rassasié.

Activez-vous pour activer votre digestion

Pratiquée régulièrement (cinq ou six fois par semaine) et pendant au moins une demi-heure, toute activité physique qui vous fasse transpirer et vous amène au bord de l'essoufflement stimule les muscles de l'abdomen. De ce fait, votre digestion et votre transit s'améliorent. Vingt minutes de promenade tranquille après les repas ont aussi pour effet d'activer la digestion. (*Voir au chapitre 7 d'autres façons simples de faire fondre vos kilos en prenant un peu d'exercice.*)

Aux menus du jour 7

Bravo, vous achevez avec cette journée votre première semaine de régime citron. Pour marquer l'événement, offrez-vous tout le temps de composer et de savourer vraiment vos menus du jour.

Au lever
Jus de citron dilué dans de l'eau chaude

Petit déjeuner
Céréales complètes accompagnées de fruits frais et de graines
Lait bio
1 verre de jus de pomme frais, coupé d'eau

Collation
1 petite coupe de guacamole, avec des bâtons de carottes
30 cl de lait bio ou de lait de soja

Déjeuner
Pizza végétarienne : coupez en deux un morceau de pain aux céréales de 10 cm de long. Sur les deux moitiés, disposez la garniture suivante : sauce tomate, champignons et poivron vert émincés, 1 c. à s. de maïs et une petite boule de mozzarella coupée en tranches. Mettez au four jusqu'à ce que le fromage soit fondu.

Collation
Salade de fruits parsemée de graines de tournesol

Dîner
Risotto (page 125)
Dessert aux fruits rouges (page 145)

APRÈS LA PREMIÈRE SEMAINE

Les idées de menus suggérées dans ce chapitre ont pour but de vous aider à poursuivre dorénavant votre régime citron. Votre digestion s'en trouvera améliorée et votre taux de sucre sanguin régulé. De ce fait, vous maigrirez et vous gagnerez en tonus et en joie de vivre. Choisissez chaque jour une des options proposées dans les différentes sections suivantes. Respectez ces conseils pendant trois ou quatre semaines. Après ce mois de découverte, vous vous en inspirerez pour élaborer vos propres menus et créer vos recettes personnelles.

Quelques rappels et autres conseils

- Pensez à boire beaucoup d'eau, de tisanes et de jus de fruits coupés d'eau, tout en réduisant, dans la mesure du possible, votre dose de caféine, d'alcool et de boissons gazeuses.
- En plus de vos repas ou collations, n'hésitez pas à prendre un verre supplémentaire de lait de soja enrichi en calcium ou de lait bio par jour, pour vous garantir un apport satisfaisant en calcium, indispensable à la solidité des os.
- Consommez autant que vous voudrez de salades et légumes frais et crus : légumes à feuilles vertes, tomates, poivrons, concombres, germes, ainsi que des herbes et des épices.

- Dans le cas improbable où vous auriez un petit creux entre vos repas et collations, calez-vous à l'aide d'une pomme, de deux abricots secs, d'une figue sèche et de quelques noix ou amandes fraîches, ou encore de quelques bâtonnets de céleri ou autres légumes.

Petits déjeuners toniques pour un métabolisme efficace

N'oubliez pas la règle : ne *jamais* sauter le petit déjeuner.

Commencez, dès le lever, par un jus de citron dilué dans de l'eau chaude. Puis, une demi-heure plus tard, essayez l'une des possibilités suivantes.

Œufs brouillés et tomate grillée sur une tranche de pain complet grillé, enduite de margarine allégée
1 verre de jus d'ananas frais, coupé d'eau

Bouillie d'avoine au lait de soja, avec des tranches de banane, des pruneaux hachés, des graines et des fruits à coque
1 poire
1 verre de jus de pomme frais, coupé d'eau

2 tranches de pain complet grillé, tartinées de 2 c. à s. de beurre de cacahuète
½ pamplemousse
1 œuf brouillé et des champignons grillés sur une tranche de pain complet grillé
1 verre de jus de fruits frais, coupé d'eau

2 tranches de pain aux céréales grillé avec une fine lamelle de beurre
1 pomme
1 verre de jus de fruits frais, coupé d'eau

1 yaourt
1 portion de céréales complètes
80 g de fruits rouges frais
1 verre de jus de pomme ou d'orange frais, coupé d'eau

½ pamplemousse rose, avec une 1 c. à c. de sirop d'érable
1 tranche de pain complet, enduite d'une fine couche de beurre
½ œuf de grosseur moyenne, dur ou poché

Velouté aux fruits rouges variés, mélangés avec du lait de soja et 1 c. à s. de graines de lin moulues ou imbibées d'eau

Bouillie au lait écrémé ou au lait de soja, accompagnée d'1 c. à c. de miel, plus 1 c. à s. de fruits à coque (amandes, par exemple) et de graines (lin, tournesol ou autres)
1 verre de jus de fruits frais coupé d'eau

Salade d'ananas, papaye et autres fruits, agrémentée de 1 c. à s. d'amandes ou autres fruits à coque en poudre, ainsi que de graines de lin et de tournesol
30 cl de lait écrémé ou de lait de soja

Haricots en conserve (sans sucres) sur une tartine de pain complet grillé
1 fruit

1 tartine de fromage frais sur du pain complet grillé, plus une coupelle de myrtilles et quelques amandes grillées
1 verre de jus de fruits frais coupé d'eau

Bouillie d'avoine : 30 cl de lait bio ou de lait de soja, une petite banane coupée en rondelles, une pincée de cannelle et quelques fruits rouges
1 verre de jus de fruits frais coupé d'eau

2 Weetabix au lait chaud, des raisins secs et une pincée de cannelle
1 verre de jus de pomme frais, coupé d'eau

Collations revigorantes du matin

Au lieu de vous jeter sur une tablette de chocolat, essayez plutôt les petits en-cas suivants.

Jus d'orange, de citron et de pamplemousse frais
Quelques amandes, noix, noisettes et graines

1 coupe de fraises et de framboises
1 yaourt nature

1 kiwi et des fraises
1 yaourt nature

1 fruit frais et une bonne ration de fruits à coque variés

Bouillie d'avoine, avec 25 cl de lait écrémé, surmontée de 30 g de raisins de Smyrne

15 g de cacahuètes non salées
2 abricots secs

15 g d'amandes et de graines de tournesol

1 petit morceau de cheddar ou de gouda
1 biscuit d'avoine

4 noix du Brésil

1 petit pot de yaourt bio, avec des fruits à coque et des graines

1 tranche de pain complet, avec une fine couche de beurre

1 œuf dur
Salade assaisonnée au jus de citron

1 pêche
Quelques grains de raisin et des graines de tournesol

Hommous et bâtonnets de légumes (page 115)

Velouté banane-ananas (page 112)

Salade de pâtes (page 138)

Des déjeuners débordants d'énergie

Accompagnez vos déjeuners d'une petite quantité de bons glucides : pain, pâtes ou riz complets.

Salade de légumes (page 134)

Salade de haricots mexicaine (page 133)

1 blanc de poulet cuit, sans la peau, ou des tranches de tofu grillées
5 c. à s. de pâtes complètes
Salade verte arrosée de jus de citron

Hommous (page 115) accompagné de pitta et de crudités
1 pomme

Ragoût de légumes (page 137)

Canapé de thon et salade sur pain complet, plus 40 g d'avocat
Une salade à la vinaigrette (jus de citron, vinaigre balsamique, faible quantité d'huile d'olive, ail, herbes et épices au choix)

Salade de courgette à la ricotta (page 136)

Sandwich composé d'un petit pain complet (70 g), d'un œuf dur et de 60 g de thon
Une petite salade verte assaisonnée de jus de citron, servie avec 40 g d'avocat coupé en tranches

Soupe de tomates au basilic, avec 1 c. à s. de parmesan râpé
1 tranche de pain complet

1 pain pitta garni de thon ou de fromage frais
1 fruit

Soupe de légumes maison (page 120)
1 petit pain complet
Fromage frais

Salade de haricots chauds (page 132)

Grosse salade composée : cresson, brocoli, betterave, poivron et tomate, plus des fruits à coque et des graines ou ½ boîte de thon au naturel, avec, en assaisonnement, de l'huile d'olive et du jus de citron

1 steak de thon grillé, accompagné de légumes cuits vapeur
1 grosse pomme de terre bouillie, avec 1 c. à s. de sauce au basilic
1 petit pot de yaourt nature

1 filet de saumon grillé
100 g de riz complet ou 3 pommes de terre nouvelles
Salade de laitue et pois
Compote de fruits et yaourt nature maigre

Soupe de tomate, poivron et oignon, avec un petit pain complet

1 pomme de terre en robe des champs
1 petite boîte de haricots cuits, à faible teneur en sucres
3 c. à s. de fromage à faible taux de matière grasse
Salade assaisonnée de jus de citron

Salade de maquereau : sur une bonne portion de cresson et de roquette, disposez un filet de maquereau fumé coupé en gros morceaux et une portion de haricots de Lima. Assaisonnez de jus de citron.

150 g de tagliatelles au blé complet, mélangées avec du brocoli cuit vapeur, 4 c. à s. de maïs et 2 c. à s. de fromage à pâte molle à faible taux de matière grasse
Fruits rouges avec 1 c. à s. de crème fraîche allégée et 1 petite meringue

1 filet de thon légèrement grillé, servi avec 100 g de riz complet et des légumes sautés au wok : chou, brocoli, poivron, ciboule et carotte

Salade de thon aux noix de soja (page 131)

Pizza végétarienne (voir page 85, Aux menus du jour 7)
Salade assaisonnée à la sauce au jus de citron

Du tonus dans l'après-midi

Reprenez un verre de jus de citron dilué dans l'eau. Puis, 10 minutes plus tard, une collation qui vous redonnera du tonus et vous évitera petits et gros creux :

Soupe de légumes (page 120)

Soupe de lentilles (page 119)

Soupe de carottes (page 121)

2 biscuits d'avoine, tartinés de fromage frais maigre, avec des tomates cerise

Saumon sauvage (1 petite boîte) accompagné de céleri ou d'asperges

10 amandes non grillées ni salées

1 poignée de cacahuètes non salées
2 abricots secs

1 ration d'amandes et de graines de courge

1 pomme
3 amandes fraîches

1 poignée de fruits secs et de fruits à coque non salés

2 poignées de légumes crus : carotte, céleri, poivron, champignon ou courgette, coupés en bâtonnets, trempés dans 1 c. à s. de hommous ou de *salsa* (sauce apéritive au piment)

2 carrés de chocolat noir (à au moins 70 % de cacao)

½ avocat réduit en purée, étalé sur des biscuits d'avoine

Jus de pomme, carotte, gingembre et citron
4 amandes

Dîners à combustion lente

Au lieu de vous écrouler sur votre canapé en rentrant du travail ou après dîner, allez plutôt faire un tour. Rappelez-vous, par ailleurs, qu'il n'est pas indiqué le soir de vous recharger en glucides, sous forme de pain, de pâtes, de riz ou autres céréales qui sont cause de ballonnements. Donc, si vous voulez arborer un ventre bien plat le lendemain matin, jouez plutôt la carte des salades et légumes, crus ou cuits, à volonté. Pensez à presser du jus de citron sur vos salades et poissons. Et n'hésitez pas à vous accorder une boule de glace allégée au chocolat, de temps en temps.

Filet de saumon grillé, accompagné de lentilles vertes ou brunes et de brocoli cuit vapeur
Yaourt au soja, agrémenté de noix et noisettes

Filet de poisson blanc, cuit avec du jus de citron, une pincée de poivre et du fenouil
1 grosse portion de salade
Salade de fruits, à votre goût : pomme, mangue, banane, fruits rouges, citron… coupés en dés et mêlés de feuilles de menthe fraîche

Blanc de poulet ou tofu grillé à l'ananas frais et à la sauce à la coriandre
Nouilles chinoises sautées au brocoli, mange-tout, mini-maïs ou autres légumes
Yaourt nature maigre aux fruits rouges, sucré au miel

Crevettes marinées, maïs et sauce aux pois chiches
Salade de fruits, agrémentée de noix ou noisettes

120 g de grosses crevettes décortiquées
Salade composée (salades variées, concombre, ciboule, tomates cerise et poivron rouge émincés), assaisonnée d'une cuillerée à dessert d'huile d'olive, mélangée à un trait de jus de citron et de vinaigre de cidre
Fruits grillés

Ragoût de légumes (page 137)
Compote aux fruits secs (page 143)

Brochettes de poulet ou de tofu mariné, grillées, accompagnées de légumes du Midi rôtis et de hommous
Pomme au four avec un yaourt nature allégé

Poisson grillé accompagné d'asperges légèrement cuites vapeur, le tout assaisonné d'huile d'olive et de jus de citron
Grosse salade composée
Compote de fruits rouges maison, avec 1 c. à s. de yaourt nature à 0 % de matière grasse

Risotto (page 125)
Dessert aux fruits rouges (page 145)

Salade de crevettes (page 130)
1 tranche fine de gâteau aux amandes et au citron (page 146)

Saumon cuit au four
Grosse salade composée, avec entre autres ½ avocat ainsi que des fruits à coque, et assaisonnée d'huile d'olive et de jus de citron
Crumble aux fruits et flocons d'avoine, avec une boule de glace

Saumon pané au citron (page 128)
Banana Surprise (page 144)

Brochettes de poulet au gingembre (page 124)
Brochette de fruits à la crème de citron (page 142)

Salade composée : 100 g de poulet ou de tofu, plus une grosse ration de crudités, dont 20 g d'avocat, plus 20 g de feta et jus de citron
Banana Surprise (page 144)

Salade composée : haricots variés, tomate, ½ avocat, noix, concombre, poivron
Sauce à l'huile et au jus de citron
Pommes fourrées au four (page 143)

Croquettes au thon ou au saumon
Légumes cuits vapeur

Terrine aux épinards (page 139)
Légumes cuits vapeur ou grosse salade verte
Brochettes de fruits à la crème de citron (page 142)

Mangez plus, pas moins

Mangez plus, pas moins, c'est le principe du régime citron – dès lors que vos aliments sont frais, non transformés et de haute valeur nutritive, à l'instar du citron. En d'autres termes, cela consiste à réduire votre consommation de sucre, de sel et d'additifs, mais aussi à emplir votre assiette de denrées riches en nutriments.

Oubliez le comptage des calories : la clé d'un amincissement durable réside dans un apport accru en nutriments, ce qui favorise une digestion correcte, régule les sécrétions hormonales et le taux sanguin et stimule le métabolisme, permettant ainsi de brûler les graisses. Comme nous l'avons vu, un organisme en carence de ces nutriments s'accapare avec avidité de la moindre once de gras, par crainte d'une disette imminente. Le régime citron préside déjà à vos menus depuis quelque temps ? En l'adoptant, vous avez rassuré votre organisme. Des repas et collations, pris à heures régulières et lui procurant une abondance de vitamines, minéraux et autres éléments nutritifs indispensables lui ont garanti un réapprovisionnement fiable – il sait donc que vous pouvez vous permettre de maigrir.

Le régime citron vous garantit en outre le droit au plaisir. Si vous vous nourrissez sainement 80 % du temps, voire plus, vous pouvez bien vous offrir une petite gâterie de temps en temps. La variété est l'un des ingrédients indispensables de l'alimentation correcte, de la perte de poids et aussi de la vie en général. Il importe donc que vous savouriez vos moindres bouchées. Le régime citron ne se limite pas à incorporer le précieux agrume dans vos plats. Il consiste aussi à vous assurer des repas qui satisferont votre appétit, tout en vous fournissant toute l'énergie dont vous avez besoin pour vivre votre vie à fond.

Sachez franchir les passes difficiles

Après une semaine de régime citron, vous devez déjà avoir récupéré une partie de votre tonus. Et vous devez vous sentir un peu plus au large dans vos vêtements. Vous aurez aussi remarqué que les ballonnements qui vous gênaient tant s'estompent, lentement mais sûrement. Vous êtes parvenu à ce résultat sans la moindre privation. Mais prétendre que vous ne connaîtrez aucune passe difficile par la suite serait exagéré. Les partisans d'autres régimes vantent leurs résultats, sous forme de kilos en moins. Mais ils oublient souvent de préciser qu'un changement radical d'habitudes alimentaires est parfois une rude épreuve.

Le fait est qu'avec le régime citron, il vous arrivera peut-être de ne pas vous sentir… dans votre assiette. C'est le cas de le dire, car votre organisme ne reçoit plus les aliments auxquels il était habitué. Ces symptômes sont tout à fait normaux et, par chance, ne durent pas plus de quelques jours. En cas de gros passage à vide, vous trouverez de quoi vous remonter le moral au chapitre 8 : Rester motivé.

LES MEILLEURES RECETTES DU RÉGIME CITRON

Pour tirer le meilleur parti des substances nutritives contenues dans le citron, voici quelques conseils pour acheter ce fruit, l'utiliser dans vos plats et le consommer à bon escient.

Achat et conservation

Achat

Le plus souvent acide et astringent, le citron de couleur jaune, évoquant des images ensoleillées, est aussi remarquablement désaltérant.
Parmi les variétés usuelles, on trouve le cédrat (citrus medica), gros fruit bosselé, très aromatique et peu acide ; le citrus medica acida, petit fruit dont la pulpe est très acide ; le citrus lumia, sphérique et peu acide ; le citrus medica limonum qui est le citron ordinaire français, ovale, acide au suc abondant.
Le citron vert (lime ou limette) n'est pas une variété de citron

mais une variété d'agrume très proche (la lime).
Les deux variétés de citrons amers les plus répandues sont l'Eureka et le Lisbon. Le premier présente une peau plus structurée, une protubérance à une des deux extrémités et un petit nombre de pépins. Le second est plus lisse, sans extrémité protubérante et généralement sans pépins. En plus de ces deux variétés, il existe aussi des citrons doux (citrus limonum), parmi lesquels le Meyer que l'on trouve plus fréquemment au marché et sur les tables de restaurant.
Bien qu'on trouve des citrons dans le commerce toute l'année, leur principale période de production se situe de mai à août.
Les citrons du terroir de Menton se distinguent des citrons corses, italiens ou espagnols par leur richesse en acides et en essences et par un taux élevé d'huile essentielle dans la peau.
La quantité de jus contenue dans le fruit n'est pas nécessairement en rapport avec sa taille. Les petits citrons à peau fine sont en général plus juteux que des variétés à peau plus épaisse, qui, en proportion, possèdent moins de pulpe.

La peau d'un citron mûr est ferme sans être dure, brillante, et d'un jaune clair et uniforme. Une peau mate et présentant des taches vertes est signe qu'il n'est pas mûr à point. Quand le fruit est trop mûr, en revanche, sa peau est souple sous le doigt et de couleur jaune foncé, éventuellement ridée ou fripée.

Achetez de préférence des citrons bio, car les autres sont souvent traités aux pesticides et autres produits chimiques. Si vous ne pouvez vous en procurer, faites tremper le fruit dans de l'eau tiède avec un peu de produit à vaisselle, puis frottez-le et rincez-le sous l'eau froide.

Conservation des aliments

Les citrons se conservent huit à dix jours à température ambiante. Pour préserver leur qualité plus longtemps, placez-les au réfrigérateur dans une boîte où ils seront au large. Il est également possible de garder des citrons au congélateur pendant six mois. Pour congeler leur jus, versez-le dans des bacs à glaçons. Une fois fondu, il aura le même goût et les mêmes propriétés que s'il était fraîchement pressé. Quand vous n'utilisez qu'une moitié de citron, frottez la pulpe de l'autre moitié avec du vinaigre, elle gardera sa fraîcheur pendant plusieurs jours.

Le jus et le zeste

Le jus

Pressez vos citrons à température ambiante. Leur jus s'obtient en faisant éclater de petites capsules dans lesquelles il est contenu. C'est la fonction des arêtes du presse-citron. Vous obtiendrez un meilleur résultat si vous faites au préalable tremper le citron pendant quelques minutes dans l'eau chaude et si vous faites rouler votre citron d'avant en arrière sur une surface dure, en appuyant fermement de la paume de la main. Avec cette méthode, un citron de taille moyenne produit 2 ou 3 cuillerées à soupe de jus. Si vous n'avez pas de presse-citron, exprimez-en le jus dans un récipient surmonté d'une passoire ou d'un tamis, pour recueillir les pépins. Il ne vous en faut que quelques gouttes ? Percez la peau du fruit avec une brochette ou un cure-dents et pressez la quantité désirée. Rincez ensuite le citron et placez-le au frais.

Le zeste

On trouve dans le commerce des citrons paraffinés, plus brillants et plus lisses sous le doigt que les autres. Si vous devez utiliser le zeste des citrons, par exemple pour en faire des rondelles à ajouter dans vos boissons ou pour décorer un plat, achetez-les non paraffinés. En revanche, si vous n'avez besoin que du jus, les fruits paraffinés sont acceptables. Un bon coup de brosse végétale ôtera le plus gros de la pellicule qui les recouvre.

USAGES-MINUTE DU CITRON

- Quand vous préparez un plat de poisson, disposez de fines rondelles de citron pelées, en dessous et autour. Vous pourrez les déguster, car le four ou le gril en adoucissent la saveur.
- Mélangez jus de citron, huile d'olive, ail écrasé et poivre, pour obtenir une sauce salade légère et tonique sur les papilles.
- Servez des quartiers de citron avec vos plats. L'acidité du fruit en fait un excellent substitut du sel.
- Pour un lunch plein de punch : mélangez du riz complet cuit avec des petits pois, des cubes de poulet ou de tofu, de la ciboulette, des graines de courge, du jus de citron vert et du zeste de citron jaune.
- Savourez un quart d'avocat, simplement relevé d'un trait de jus de citron.

Pour recueillir le zeste d'un citron, vous pouvez employer soit une râpe fine, soit un zesteur, en veillant à ne pas atteindre la peau blanche, très amère. Étalez ensuite le zeste râpé sur du papier sulfurisé. Vous le ferez sécher pendant deux jours, puis le conserverez dans un sachet de coton, dans un endroit sec et bien ventilé. Pour l'utiliser plus vite, vous pouvez aussi faire sécher le zeste au four, sur du papier pour cuisson, porte entrouverte et à température minimum pendant quatre heures. Avant emploi, humidifiez le zeste pour le ramollir.

Une fois le citron pelé, utilisez-le dès que possible, car sans sa peau il se gâte et devient toxique dans de brefs délais.

Recettes

Quand vous aurez lu ce livre, votre cuisine ne pourra plus se passer de citron. Dans toutes les recettes présentées ci-après, les exceptionnelles propriétés de ce fruit se conjuguent avec celles des autres ingrédients, au bénéfice de votre santé et de votre ligne, sans oublier le plaisir de manger. Ces idées vous serviront de guides, pour vous assurer de suivre la bonne voie. Elles vous inspireront bientôt vos propres recettes à base de jus, de zeste ou de pulpe de citron. Tout en laissant libre cours à votre créativité, vous n'aurez qu'à garder un principe en mémoire : rien n'apporte plus de peps et d'efficacité contre les kilos qu'un trait de jus de citron sur vos plats.

Remarque : sauf indication contraire, **les recettes sont prévues pour une personne**.

LES BOISSONS

Citronnade détoxifiante
Citronnade
Boisson chaude au citron
Jus de pomme, poire et fruits rouges
Pomme, cresson et jus de citron
Tutti frutti

CITRONNADE DÉTOXIFIANTE

Ingrédients
- 2 c. à s. de jus de citron fraîchement pressé
- 1 petite pincée de piment de Cayenne
- 30 cl d'eau filtrée
- 2 c. à c. de sirop d'érable bio de grade B (facultatif)

Pressez un citron, puis mélangez le jus avec de l'eau, du piment de Cayenne et du sirop d'érable.
Remuez bien et servez tiède.

CITRONNADE

Ingrédients
- 7 citrons
- 1 litre d'eau
- 2 c. à s. de sirop d'érable
- Glaçons
- Feuilles de menthe fraîche

Mélangez le zeste d'1 citron avec le jus des 6 autres, l'eau et le sirop d'érable.
Remuez bien et mettez au frais.
Servez avec de la glace et des feuilles de menthe.

BOISSON CHAUDE AU CITRON

Ingrédients
- Jus de 2 citrons, ou bien d'1 citron et d'1 orange
- 1 grande tasse de thé ou d'eau chaude
- 2 c. à s. de sirop d'érable
- ½ c. à c. de gingembre en poudre
- ½ c. à c. de cannelle en poudre

Versez le jus dans une petite casserole. Ajoutez le thé ou l'eau, le sirop et les épices en remuant.

Portez à ébullition, puis laissez à feu doux 3 minutes.

JUS DE POMME, POIRE ET FRUITS ROUGES

Ingrédients
- 2 pommes
- 1 poire
- 1 douzaine de fruits rouges

Mixez tous les fruits, en réservant quelques morceaux de pomme, que vous placerez dans le robot en dernier. Cela permettra de mieux faire passer dans la machine le jus des fruits rouges, plus épais.

Le mélange du jus de pomme et de poire est délicieux ! En plus, il se marie à merveille avec tous les fruits rouges : fraise, framboise ou mûre, par exemple. Ceux-ci regorgent de nutriments, notamment du potassium.

POMME, CRESSON ET JUS DE CITRON

Ingrédients
- 2 pommes
- ½ citron
- Cresson à volonté

Passez tous les ingrédients au mixeur et servez.

Parfaite au petit déjeuner, cette boisson mettra votre système digestif en forme pour toute la journée.

TUTTI FRUTTI

Ingrédients
- ½ pomme pelée
- ½ poire pelée
- 1 mandarine
- 12 grains de raisin
- 1 pêche

Mixez tous les ingrédients et servez.

Une alliance pleine de tonus ! Variez le choix des fruits en fonction de la saison.

LES SMOOTHIES

La peau de certains fruits étant toxique, il faut les peler avant emploi : orange, pamplemousse, kiwi, papaye.... Faites de même avec les fruits paraffinés. Ôtez les pépins, également toxiques.

SMOOTHIE BANANE-ANANAS

Ingrédients
- 1 banane
- 2 quartiers d'ananas
- 3 c. à s. de yaourt nature

Épluchez la banane et coupez-la en tranches. Épluchez l'ananas, coupez deux quartiers et divisez ceux-ci en morceaux. Passez tous les fruits au mixeur pour obtenir un mélange homogène.

SMOOTHIE DE BANANE, PÊCHE ET FRUITS ROUGES

Ingrédients
- 1 banane
- 2 pêches
- 12 fraises, framboises ou myrtilles
- 3 c. à s. de yaourt nature

Pelez la banane, dénoyautez les pêches et ôtez le pédoncule des fraises, puis coupez tous les fruits en morceaux. Mixez tous les ingrédients en un mélange homogène.

LES SAUCES

Assaisonnement pour salade de fruits
Sauce citron et graines de pavot
Sauce citron et huile d'olive
Hommous

ASSAISONNEMENT POUR SALADE DE FRUITS

Ingrédients
- 6 citrons
- 3 c. à s. d'huile de germe de blé
- 2 c. à c. de sirop d'érable
- 1 pincée de piment de Cayenne ou de cannelle

Pressez les citrons et mixez le jus avec les autres ingrédients.

SAUCE CITRON ET GRAINES DE PAVOT

Ingrédients
- 60 g de mayonnaise allégée
- 60 g de crème légère
- 60 g de lait écrémé ou demi écrémé
- 4 c. à s. de xylitol
- 2 c. à s. de vinaigre blanc distillé
- 1 c. à s. de graines de pavot
- 1 c. à c. de zeste de citron finement râpé

Mettez tous les ingrédients dans un bol et fouettez pour obtenir un mélange homogène.
Couvrez et placez au frais jusqu'au moment de servir.

Idéale l'été, cette sauce légère convient à toutes les crudités. Vous pouvez aussi y tremper des bâtonnets de légumes.

SAUCE CITRON ET HUILE D'OLIVE

Ingrédients
- ½ gousse d'ail hachée fin
- 1 c. à c. rase de sel marin
- 3 c. à s. d'huile d'olive vierge extra
- 1 c. à s. de jus de citron fraîchement pressé

Dans un saladier, mélangez l'ail et le sel avec le dos d'une cuillère pour former une pâte.
Ajoutez l'huile et le jus de citron en remuant.
Rectifiez à votre goût.

HOMMOUS

Ingrédients
- 400 g de pois chiches, sans sel ni sucres, égouttés (conservez le liquide)
- 3 c. à c. de jus de citron
- 3 gousses d'ail pelées
- 2 c. à s. de pâte de sésame
- 1 pincée de sel de mer et de poivre noir

Mixez tous les ingrédients jusqu'à consistance homogène. Ajoutez la quantité nécessaire de jus de pois chiches pour que la pâte s'étale correctement.

LES SOUPES

Soupe aux pois et champignons
Soupe de lentilles
Soupe de légumes
Soupe de carottes

SOUPE AUX POIS ET CHAMPIGNONS

Ingrédients
- 1 c. à s. d'huile d'olive
- 1 oignon haché
- 2 gousses d'ail, pelées et hachées
- 1 carotte hachée
- 150 g de champignons émincés
- 4 tasses d'eau ou de bouillon de poulet
- 100 g de pois cassés
- 1 pincée de poivre noir, à votre goût

Dans une grande casserole, faites chauffer l'huile d'olive.

Puis faites sauter l'oignon, l'ail, la carotte et les champignons jusqu'à ce qu'ils ramollissent.

Ajoutez le liquide et les pois cassés.

Baissez le feu et laissez mijoter trois quarts d'heure, ou jusqu'à ce que les pois soient devenus tendres.

Assaisonnez à votre goût.

SOUPE DE LENTILLES

Pour deux

Ingrédients

- 120 g de lentilles rouges
- 50 cl de bouillon de légumes
- 50 cl d'eau
- ½ oignon
- 1 gousse d'ail
- ½ c. à s. d'huile de tournesol
- 1 pincée de cumin en poudre
- 2 quartiers de citron

Versez les lentilles dans une casserole, ajoutez le bouillon et l'eau et portez à ébullition. Laissez cuire à feu doux une demi-heure, en retirant, à l'aide d'une cuillère en bois, l'écume formée à la surface.

Pelez l'oignon et hachez-le. Pelez l'ail et écrasez-le. Faites chauffer l'huile à feu modéré dans une poêle antiadhésive. Faites-y brunir l'oignon et l'ail.

Ajoutez une pincée de cumin. Remuez bien. Servez cette soupe dans des bols individuels, avec le mélange ail-oignon et les quartiers de citron en garniture.

Servie avec du pain complet à l'heure de votre collation, cette soupe est aussi nutritive que délicieuse.

SOUPE DE LÉGUMES

Pour 4 portions

Ingrédients

- 4 c. à c. d'huile d'olive vierge extra
- 1 gros oignon, haché fin
- 2 gousses d'ail, hachées fin
- 2 grosses courgettes, épluchées et râpées
- 4 pommes de terre nouvelles, grattées et râpées
- 1 grosse carotte, râpée
- **Légumes au choix :**
  500 g de choux de Bruxelles
  ou 2 branches de céleri hachées
  ou 3 gros poireaux hachés,
  ou bien une boîte de petits pois, de flageolets ou de graines de soja
- 1,5 l de bouillon de légumes

Faites chauffer l'huile. Ajoutez l'oignon et l'ail et faites suer à feu doux pendant 5 minutes. Ajoutez les légumes (sauf les légumes secs, si vous en utilisez), et laissez cuire 5 autres minutes, en remuant continuellement. Ajoutez le bouillon et laissez frémir 10 minutes.

Dans un robot, mixez cette préparation, puis reversez-la dans la casserole. Si vous utilisez des pois, haricots ou graines de soja, rincez-les puis ajoutez-les.

Remettez la soupe à frémir pendant 5 minutes avant de servir.

SOUPE DE CAROTTES

Pour 4 portions

Ingrédients

- 450 g de carottes
- 1 petit oignon
- 1 c. à c. d'huile de tournesol
- 80 cl de bouillon de légumes
- 1 orange
- 1 c. à s. de coriandre cisaillée

Rincez, pelez et hachez carottes et oignon.

Faites chauffez l'huile dans une casserole, ajoutez l'oignon et laissez frire à feu doux quelques minutes.

Ajoutez les carottes, faites cuire 2 minutes. Ajoutez le bouillon, le zeste et le jus de l'orange ainsi que la coriandre.

Portez à ébullition puis couvrez et laissez frémir pendant trois quarts d'heure.

Versez la soupe dans un robot et mixez-la. Reversez-la dans la casserole après l'avoir rincée et portez à forte température. Servez avec des croûtons si vous le désirez.

LES PLATS

Brochettes de poulet au gingembre
Risotto
Salade au poulet, citron et orge
Canapé au saumon fumé et au concombre
Saumon pané au citron
Crevettes marinées au maïs et à la sauce aux pois chiches
Salade de crevettes
Salade de thon aux noix de soja
Salade de haricots chauds
Salade de haricots mexicaine
Salade de légumes
Salade de courgettes à la ricotta
Ragoût de légumes
Salade de pâtes
Terrine aux épinards

BROCHETTES DE POULET AU GINGEMBRE

Pour 2 portions

Ingrédients

- 2 x 100 g de blancs de poulet bio, sans la peau
- 4 c. à s. plus 2 c. à c. d'huile d'olive
- 4 c. à s. plus 2 c. à c. de jus de citron
- ½ gousse d'ail, écrasée
- 1 c. à c. de gingembre frais, râpé
- ½ c. à c. de gingembre en poudre
- 80 g de quinoa
- 1 gros bouquet de persil à feuilles plates, de coriandre et de menthe cisaillés
- 6 oignons rouges, émincés
- 1 citron coupé en quartiers

Mettez à tremper 4 brochettes en bois dans l'eau pendant 10 minutes.

Déposez les blancs de poulet dans un saladier avec 2 c. à c. d'huile d'olive, 2 c. à c. de jus de citron, l'ail et le gingembre fraîchement moulu. Remuez afin de bien enduire le poulet. Laissez mariner un quart d'heure.

Faites cuire le quinoa puis laissez refroidir.

Versez-le dans un saladier avec les herbes cisaillées, les oignons, 4 c. à s. d'huile d'olive et 4 c. à s. de jus de citron.

Faites préchauffez le gril. Enfilez les morceaux de poulet sur les brochettes et mettez-les à dorer 3 à 4 minutes de chaque côté.

Répartissez le quinoa sur deux assiettes, ajoutez les brochettes et servez avec les quartiers de citron.

RISOTTO

Pour 2 à 4 portions

Ingrédients

- 1 c. à s. d'huile d'olive
- 1 oignon moyen, haché fin
- 2 à 4 blancs de poulet, sans peau, hachés, ou 2 à 4 portions de fruits de mer au choix, ou environ 250 g de légumes (champignons, asperges ou fèves, par exemple), coupés en petits morceaux
- Basilic ou noix de muscade (pour le poulet ou les légumes)
- Jus de citron ou thym (pour les fruits de mer)
- 250 g de riz spécial risotto
- 2 c. à s. de purée de tomate
- 60 cl de bouillon
- 30 g de fromage râpé
- Parmesan, facultatif

Faites chauffer l'huile à feu doux dans une poêle.

Si vous utilisez du poulet, laissez brunir, puis ajoutez l'oignon et le basilic ou la noix de muscade, faites cuire 5 minutes. Si vous avez choisi les fruits de mer ou les légumes, faites cuire l'oignon et le jus de citron ou le thym pendant 5 minutes. Ajoutez fruits de mer ou légumes et faites saisir pendant quelques minutes. Mélangez, puis ajoutez le riz.

Ajoutez la purée de tomate, remuez bien puis versez le bouillon.

Portez à ébullition, couvrez puis réglez le feu au minimum. Laissez cuire un quart d'heure. En principe, cela suffit pour cuire le riz. Dans le cas contraire, ajoutez de l'eau. Incorporez le fromage râpé.

Laissez refroidir quelques minutes, puis parsemez de parmesan si vous le souhaitez.

SALADE AU POULET, CITRON ET ORGE

Pour 2 portions

Ingrédients

- 50 cl d'eau filtrée
- 150 g d'orge à cuisson rapide
- 300 g de poulet taillé en dés
- 100 g de céleri taillé en dés
- 100 g de tomates hachées
- 100 g d'oignons rouges, hachés
- 100 g de concombre, coupé en rondelles
- 1 c. à c. d'huile d'olive
- 2 c. à s. de jus de citron fraîchement pressé
- 1 c. à c. de moutarde de Dijon
- 5 feuilles de laitue
- 1 citron coupé en 6 quartiers

Dans une casserole, jetez l'orge dans l'eau bouillante puis portez de nouveau à ébullition.

Baissez le feu, couvrez et laissez mijoter une dizaine de minutes jusqu'à ce que l'orge soit tendre, en remuant de temps en temps.

Égouttez l'excédent d'eau, le cas échéant.

Laissez un peu refroidir, puis mélangez l'orge avec les autres ingrédients, sauf les quartiers de citron.

Servez sur les feuilles de laitue et décorez avec les quartiers de citron.

CANAPÉ AU SAUMON FUMÉ ET AU CONCOMBRE

Ingrédients

- 1 tranche de pain complet
- Un peu de fromage à pâte molle
- 2 tranches fines de saumon fumé
- Rondelles de concombre
- Jus de citron frais
- Poivre noir fraîchement moulu
- Quelques brins d'aneth frais

Étalez sur le pain une fine couche de fromage, puis ajoutez le saumon et le concombre. Arrosez du jus d'un citron, poivrez et décorez avec l'aneth.

SAUMON PANÉ AU CITRON

Pour 4 portions

Ingrédients

- 4 x 125 g de filet de saumon sans peau
- 1 citron coupé en rondelles
- 2 tranches moyennes de pain complet
- 2 c. à s. de coriandre fraîchement cisaillée
- 15 g de beurre, fondu
- Zeste et jus d'un citron

Préchauffez le gril à température moyenne. Assaisonnez le saumon et mettez-le dans un plat à revêtement andiadhésif, en tapissant le fond de rondelles de citron.

Passez le pain et la coriandre au mixeur, pour obtenir un mélange de fines miettes. Mélangez avec le beurre fondu, le zeste et la majeure partie du jus.

Versez le jus restant sur le saumon. Appliquez la panure sur les filets.

Passez au gril pendant 8 minutes. L'intérieur du poisson doit être cuit et la panure dorée.

Servez avec des petits pois mangetout, 150 g de pommes de terre nouvelles et 1 cuillerée à soupe de mayonnaise allégée.

CREVETTES MARINÉES AU MAÏS ET À LA SAUCE AUX POIS CHICHES

Pour 4 portions

Ingrédients

- 400 g de haricots blancs en boîte, égouttés et rincés
- 300 g de pois chiches en boîte, égouttés et rincés
- 300 g de maïs en boîte, égoutté et rincé
- 1 c. à c. de zeste de citron râpé
- 2 c. à s. de feuilles de coriandre cisaillées
- 500 g de grosses crevettes crues, non décortiquées
- 2 c. à s. de jus de citron
- 1 c. à s. d'huile de sésame
- 2 gousses d'ail écrasées
- 2 c. à c. de gingembre râpé
- Huile d'olive en vaporisateur
- Quartiers de citron

Mélangez haricots, pois chiches et maïs dans un saladier. Ajoutez le zeste de citron et la coriandre, mélangez.

Décortiquez les crevettes sans ôter la queue.

Marinade : dans un bol, mélangez jus de citron, huile de sésame, ail et gingembre.

Ajoutez les crevettes et enduisez-les avec précaution de marinade. Couvrez et laissez au réfrigérateur pendant 3 heures.

Vaporisez un peu d'huile sur un gril que vous placerez sur feu vif. Faites cuire les crevettes sur le gril pendant 3 à 5 minutes, jusqu'à cuisson complète. Pendant la cuisson, appliquez-leur de la marinade au pinceau.

Servez avec les haricots, le maïs et la sauce aux pois chiches. Garnissez de quartiers de citron.

SALADE DE CREVETTES

Ingrédients
- Feuilles de salades variées
- Concombre en rondelles
- Ciboulette hachée
- Tomates cerise, coupées en deux
- Poivrons rouges, émincés
- 1 c. à c. d'huile d'olive vierge extra
- 1 c. à c. de jus de citron
- 1 c. à c. de vinaigre balsamique
- 125 g de grosses crevettes, décortiquées

Mélangez autant de crudités que vous le souhaitez avec l'huile d'olive, le jus de citron et le vinaigre. Disposez sur une assiette et ajoutez les crevettes.

SALADE DE THON AUX NOIX DE SOJA

Pour 2 portions

Ingrédients

- 230 g de thon au naturel
- 170 g de carottes coupées en bâtons
- 30 g d'oignon rouge émincé
- 120 g de fromage de chèvre coupé en dés
- 70 g de noix de soja
- 60 g de chapelure

Sauce

- 6 cl d'huile d'olive
- 2 c. à s. de jus de citron
- 1 pincée de poivre noir
- 1 gousse d'ail, écrasée

Mélangez les ingrédients de la sauce à part. Mettez tous les autres dans un saladier. Mélangez avec la sauce.

Les noix de soja sont des fèves de soja qui, après trempage dans l'eau, ont été dorées au four. Pour la texture et pour le goût, elles rappellent les cacahuètes.

SALADE DE HARICOTS CHAUDS

Pour 2 portions

Ingrédients

- 250 g de gombos, émincés
- 2 grosses gousses d'ail, écrasées
- 20 cl d'eau
- 180 g de haricots de Lima en boîte, égouttés et rincés
- 180 g de haricots rouges en boîte, égouttés et rincés
- 2 c. à c. de jus de citron
- 2 c. à c. d'huile d'olive vierge extra
- Une bonne poignée d'herbes aromatiques variées, cisaillées
- Poivre noir
- 2 tranches épaisses de pain croustillant

Mettez les gombos, l'ail et l'eau dans une casserole, couvrez et portez à ébullition. Baissez le feu et laissez ramollir 3 minutes. Égouttez.

Pendant ce temps, faites chauffer à feu doux dans une autre casserole les haricots avec le jus de citron.

Égouttez, puis ajoutez les gombos et l'ail, l'huile d'olive, les herbes et le poivre à votre goût.

Remuez doucement et servez avec le pain. Pour que votre salade soit encore plus nutritive, vous pouvez lui ajouter des tomates et des poivrons rouges coupés en petits morceaux.

SALADE DE HARICOTS MEXICAINE

Pour 2 portions

Ingrédients

- 230 g de haricots cornilles (haricots blancs à œil noir), égouttés
- 120 g de maïs
- Sauce citron et huile d'olive (page 115)
- 170 g de feuilles de laitue, coupées en petits fragments
- 1 tomate, coupée en petits morceaux
- 30 g de fromage râpé

Mélangez les haricots et le maïs avec la sauce et laissez reposer environ une heure.

Étalez la laitue sur deux assiettes, où vous disposerez le mélange à l'aide d'une cuillère.

Ajoutez la tomate et parsemez de fromage râpé.

SALADE DE LÉGUMES

Pour 4 portions

Ingrédients

- 10 pommes de terre nouvelles non épluchées
- Poivre noir et sel de mer à volonté
- 2 c. à s. d'huile d'olive vierge extra
- 120 g de brocoli
- 1 laitue moyenne, coupée en petits fragments
- 120 g d'épinards hachés
- 80 g de germes d'alfalfa
- 60 g de chou rouge, émincé

Mayonnaise au jus de citron

- 1 gros œuf
- 1 c. à c. de moutarde de Dijon
- ½ c. à c. de sel
- 1 pincée de poivre blanc fraîchement moulu
- 1,5 c. à c. de vinaigre de vin blanc
- 20 à 25 cl d'huile d'arachide, d'olive ou de maïs
- 1 ou 2 c. à s. de jus de citron

Faites bouillir les pommes de terre une vingtaine de minutes, jusqu'à cuisson complète.

Égouttez, laissez refroidir et coupez en morceaux. Mettez-les dans une terrine, ajoutez du sel, du poivre et de l'huile. Mélangez bien. Étalez les pommes de terre sur du papier sulfurisé et faites cuire au four 10 minutes.

Lavez les brocolis et séparez-les en petits bouquets, de la taille d'une bouchée, en ôtant les tiges.

Mettez-les à cuire à la vapeur pendant quelques minutes, jusqu'à ce qu'ils soient tendres. Plongez-les ensuite dans l'eau froide, pour éviter qu'ils ne soient trop cuits. Égouttez bien.

Mettez la laitue et les épinards dans un saladier. Ajoutez l'alfalfa et le chou.

Coupez les bouquets de brocoli dans le sens de la longueur et ajoutez-les aux légumes verts.

Pour la mayonnaise, placez tous les ingrédients sauf l'huile et le jus de citron dans le bol de votre mixeur ou robot ménager. Mixez de 5 à 15 secondes, selon l'appareil.

Tout en laissant le robot en marche, ajoutez l'huile, tout d'abord goutte à goutte, puis en un filet régulier. Une fois toute l'huile

versée, arrêtez l'appareil et goûtez.
Ajoutez le jus de citron. Si la sauce est trop épaisse, éclaircissez-la avec de l'eau chaude ou du jus de citron. Si elle est trop claire, continuez à mixer quelques instants.
Sortez les pommes de terre du four et ajoutez-les à la salade.

SALADE DE COURGETTES À LA RICOTTA

Pour 2 portions

Ingrédients

- 4 courgettes moyennes
- Huile d'olive vierge extra
- Poivre noir fraîchement moulu
- 150 g de ricotta
- 20 g de pecorino coupé en lamelles
- 15 g de feuilles de basilic frais, déchirées
- 15 g de feuilles de menthe fraîche, déchirées
- Jus de 2 citrons
- Salade verte
- Une poignée de fruits à coque et graines variés

Coupez les courgettes en rondelles d'environ 4 mm d'épaisseur. Mettez à chauffer une poêle antiadhésive, enduisez les courgettes d'huile sur les deux faces et faites-les dorer par lots. Poivrez.

Mettez le premier lot de courgettes au fond d'un grand saladier. Surmontez de fragments de ricotta, de pecorino et d'herbes aromatiques. Ajoutez jus de citron et huile d'olive. Procédez de même avec le reste.

Pour terminer, ajoutez des herbes et arrosez d'huile d'olive et d'un peu de jus de citron. Servez avec de la salade verte, des fruits à coque et des graines.

RAGOÛT DE LÉGUMES

Pour 2 à 4 portions

Ingrédients

- 1 gros oignon, haché
- 1 grosse gousse d'ail, pelée et hachée
- 1 c. à s. d'huile d'olive
- 150 g d'épinards frais hachés
- 400 g de pois chiches en boîte, sans sel ni sucres
- 400 g de tomates en boîte, sans sel, concassées
- 4 ou 5 tomates fraîches, concassées
- 70 g de raisins secs
- 2 pommes de terre nouvelles, pelées et coupées en petits morceaux
- 80 g de riz complet
- Poivre noir et jus de citron à volonté

Faites frire l'oignon et l'ail dans l'huile d'olive.

Ajoutez les épinards et laissez ramollir, puis ajoutez le reste des ingrédients (sauf le poivre et le jus de citron) en mélangeant.

Laissez cuire 45 minutes, ou tant que les pommes de terre ne sont pas amollies (vérifiez en piquant à l'aide d'une fourchette).

Si le ragoût épaissit trop, ajoutez un peu d'eau.

Ajoutez jus de citron et poivre noir.

SALADE DE PÂTES

Pour 2 portions

Ingrédients

- 120 g de pâtes complètes
- ½ c. à s. d'huile d'olive
- ½ oignon, coupé en dés
- ½ gousse d'ail, écrasée
- 2 c. à s. de purée de tomate
- 15 g de feuilles de basilic, cisaillées

Faites cuire les pâtes selon les instructions portées sur l'emballage.

Pendant ce temps, faites chauffer l'huile dans une poêle, ajoutez l'ail et l'oignon et faites-les revenir.

Quand l'oignon a blondi, ajoutez la purée de tomate et le basilic, en remuant.

Égouttez les pâtes, mélangez avec la sauce et laissez refroidir. Servez froid.

Cette salade est un excellent coupe-faim. Vous l'emporterez facilement au travail, dans une boîte en plastique.

TERRINE AUX ÉPINARDS

Pour 4 portions

Ingrédients

- 120 g de riz spécial risotto
- ½ c. à c. d'huile de tournesol
- 1 petit oignon, haché fin
- 120 g d'épinards surgelés
- 2 œufs
- 60 g de parmesan fraîchement râpé
- 1 pincée de piment de Cayenne

Faites cuire le riz selon les instructions portées sur l'emballage.

Pendant ce temps, mettez l'huile à chauffer dans une poêle, ajoutez l'oignon et faites dorer.

Mettez les épinards, le riz et l'oignon dans une terrine. Dans une autre, cassez les œufs entiers et battez-les légèrement.

Ajoutez les œufs, avec le fromage et le piment, au mélange épinards, riz et oignon. Mélangez bien.

Versez dans un moule et faites cuire environ une demi-heure à four chaud (200°C, thermostat 7).

LES DESSERTS ET COLLATIONS

BROCHETTES DE FRUITS À LA CRÈME DE CITRON

Ingrédients

- 150 g de yaourt nature
- 2 c. à s. de fromage à pâte molle à faible teneur en matière grasse
- 1 c. à c. de graines de pavot
- ½ c. à c. de zeste de citron râpé
- 2 c. à s. de jus de citron
- Fruits : fraises, melon, kiwi, etc.

Mixez yaourt, fromage et jus de citron, puis incorporez les graines de pavot et le zeste.

Placez au frais pendant deux heures pour que les arômes se mélangent.

Enfilez les fruits sur des piques à brochettes ou des cure-dents et servez accompagné de cette préparation.

COMPOTE AUX FRUITS SECS

Pour 2 portions
Ingrédients
- 30 g de figues sèches
- 30 g d'abricots secs
- 30 g de pruneaux
- 30 g de pomme séchée
- 30 g de raisins secs
- ½ tasse de jus de pomme

Versez les fruits secs et le jus de pomme dans un saladier, puis laissez au réfrigérateur jusqu'au lendemain. Servez frais.

POMMES FOURRÉES AU FOUR

Pour 2 portions
Ingrédients
- 2 grosses pommes à cuire
- Farce au choix : dattes, cannelle, raisins, amandes
- 1 c. à s. de sirop d'érable

Ôtez le cœur des pommes et incisez la peau à l'horizontale, sur le pourtour des fruits.
Ajoutez la farce et le sirop d'érable. Faites cuire pendant 45 minutes à 180° (thermostat 6) jusqu'à ce que les fruits soient ramollis. Servez chaud ou froid.

BANANA SURPRISE

Pour 2 portions

Ingrédients

- 2 bananes
- 30 g de dattes hachées
- 30 g d'abricots secs hachés
- 30 g de raisins sans pépins
- 30 g d'amandes effilées

Dans une coupe, écrasez les bananes, puis ajoutez les autres fruits.

Étalez ce mélange sur un plateau et laissez au congélateur pendant 2 heures. Servez glacé.

DESSERT AUX FRUITS ET FLOCONS D'AVOINE

Pour 6 portions

Ingrédients

- 2 bananes
- 2 pommes
- 8 abricots secs
- 8 à 12 biscuits d'avoine
- 60 g de noix concassées

Épluchez les fruits, coupez-les en petits morceaux et mettez-les dans une casserole. Ajoutez quelques cuillerées à soupe d'eau et laissez cuire à feu doux 10 minutes ou jusqu'à ce que les fruits soient ramollis, en ajoutant de l'eau si le mélange se dessèche.

Placez les biscuits d'avoine au fond de vos coupes à dessert, en les brisant si nécessaire. Versez les fruits ramollis par-dessus. Servez parsemé de fragments de noix.

SALADE DE FRUITS ET DE NOIX

Pour 4 portions

Ingrédients

- 1 pêche coupée en tranches
- 2 oranges, pelées, épépinées et coupées en tranches
- 250 g d'ananas frais, haché
- 150 g de raisins sans pépins
- 30 g de noix du Brésil, effilées
- Jus d'un citron
- Une poignée d'amandes grillées

Mettez les oranges et la pêche en tranches dans 4 coupes.

Mixez l'ananas, les raisins et les noix du Brésil, puis versez le mélange par-dessus les tranches d'orange et de pêche.

Arrosez de jus de citron et parsemez d'amandes.

DESSERT AUX FRUITS ROUGES

Pour 2 portions

Ingrédients

- 120 g de fraises
- 120 g de framboises
- 60 g de groseilles
- 5 cl de jus de pomme ou de canneberge sans sucre ajouté

Ôtez les feuilles et les pédoncules des fruits, puis lavez ceux-ci sous l'eau froide.

Placez-les ensuite dans une coupe, puis versez le jus.

Laissez au réfrigérateur pendant une demi-heure. Servez avec du yaourt maigre ou de la glace à la vanille.

GÂTEAU AUX AMANDES ET AU CITRON

Pour plusieurs portions… ou une seule !

Ingrédients

- 115 g de beurre doux, laissé à température ambiante
- 100 g de sucre brun
- 1 c. à s. de zeste de citron
- 1 c. à c. d'extrait de vanille
- 1 c. à c. de levure chimique
- ½ c. à c. de sel marin
- 3 jaunes d'œuf et 4 blancs
- 100 g de poudre d'amande
- 65 g de farine
- 10 cl de jus de citron
- ¼ de c. à c. de crème de tartre
- Xylitol (facultatif)

Préchauffez le four à 180°C (th. 6).
Beurrez un moule rond de 20 cm. Tapissez le fond de papier pour cuisson. Beurrez le papier. Saupoudrez le moule de farine, en ôtant l'excédent.
Battez le beurre avec le sucre, le zeste, la vanille, la levure et le sel, jusqu'à ce que cette préparation soit mousseuse et légère. Ajoutez les jaunes d'œuf un par un, en battant bien chaque fois.
Mélangez la poudre d'amande et la farine, puis versez dans la préparation avec le jus de citron.
Montez les blancs en neige avec la crème de tartre, jusqu'à ce qu'ils forment des pointes. Incorporez les blancs dans la préparation, en trois fois. À l'aide d'une cuillère, mettez la préparation dans le moule, puis enfournez pour 35 à 40 minutes. La surface du gâteau doit être légèrement dorée. Vérifiez l'état de la cuisson en piquant avec une brochette, qui doit ressortir sèche.
Laissez refroidir sur une grille pendant un quart d'heure. Démoulez le gâteau et retirez le papier. Après refroidissement complet, transférez sur un plat. Saupoudrez de xylitol, si vous le souhaitez.

Qu'est ce que la crème de tartre ? Du bitartrate de potassium, poudre utilisée en pâtisserie comme agent levant (levure) ou pour donner du moelleux aux pâtes. On en trouve dans certaines grandes surfaces, en pharmacie, dans les magasins bio et magasins spécialisés en pâtisserie.

LES SOINS DE BEAUTÉ

Bien avant que nos placards de salle de bains ne s'emplissent de produits de beauté industriels, nos ancêtres entretenaient leur peau et leurs cheveux avec les ingrédients naturels les plus divers, dont le citron. Celui-ci nettoie, tonifie et raffermit la peau de la façon la plus naturelle qui soit. D'ailleurs, il entre souvent dans la composition des cosmétiques.

Avec le citron, vous confectionnerez des soins maison, aussi efficaces que sans danger, qui débarrasseront votre peau de ses impuretés, éclairciront votre teint et vous donneront un coup de fouet au moral. Essayez les recettes qui suivent. Vous n'êtes pas convaincu ? Rincez-vous simplement le visage à l'eau additionnée de citron, au coucher. Le lendemain, la fraîcheur et la douceur de votre peau vous étonneront.

MASQUE POUR PEAU NORMALE OU GRASSE

Ingrédients
- 1 petite banane
- 1 c. à c. de miel
- 8 gouttes de jus de citron (ou plus, à volonté)

Écrasez la banane et mélangez avec les autres ingrédients.
Appliquez sur le visage propre et laissez agir 5 à 10 minutes. Rincez à l'eau tiède puis appliquez votre lotion tonique et votre lait hydratant.

MASQUE ANTIRIDES

Ingrédients
- 1 jaune d'œuf
- 1 c. à s. d'huile de jojoba
- 1 citron

Mélangez le jaune d'œuf et l'huile de jojoba. Pressez le citron et ajoutez le jus au mélange.
Faites pénétrer en massant la peau et laissez agir 20 minutes. Rincez à l'eau froide.

MASQUE POUR PEAU SÈCHE

Ingrédients
- 1 banane mûre
- 3 gouttes d'huile essentielle de citron
- 2 jaunes d'œuf
- 1 c. à s. d'huile de jojoba
- 1 c. à s. d'huile d'avocat
- 2 citrons

Écrasez la banane et mélangez avec le reste des ingrédients, sauf les citrons, pour former une pâte homogène.

Appliquez sur la peau et laissez agir 20 minutes.

Rincez avec 1 litre d'eau chaude, additionnée du jus de deux citrons.

LOTION NETTOYANTE

Ingrédients
- 1 citron
- 10 cl de lait
- 1 c. à s. de miel

Pressez le citron et mélangez-le avec le lait, puis ajoutez le miel. À l'aide d'une boule de coton, appliquez la préparation en tapotant la peau puis laissez agir 2 minutes. Rincez ensuite votre visage à l'eau chaude.

LOTION ASTRINGENTE

Pressez du jus de citron dans un pot en verre. Appliquez-le par petites touches sur votre visage tous les matins, en laissant reposer 10 minutes. Rincez-vous à l'eau chaude, puis appliquez une crème hydratante.

PEAU RÊCHE

Vous avez la peau des genoux ou des coudes rêche ? Pressez le jus de deux ou trois citrons dans une tasse d'eau. Ajoutez une cuillerée à soupe de miel. Imbibez un disque démaquillant de cette solution et appliquez sur les zones à traiter. Si c'est la peau de vos mains ou de vos pieds qui est rêche, immergez-les dans la solution.

COUDES NOIRS

Coupez un citron en deux et posez un coude dans chaque moitié pendant une dizaine de minutes. Les acides contenus dans le fruit dissoudront en douceur les impuretés qui assombrissent la peau. Il suffira ensuite de rincer.

PEAUX MORTES ET TACHES DE VIEILLESSE

Pour exfolier les peaux mortes et retarder l'apparition des taches de vieillesse, frottez doucement la peau avec un citron coupé en deux et une demi-cuillerée à café de sucre en poudre pendant quelques minutes. Renouvelez l'opération au moins une fois par semaine, jusqu'à ce que les taches s'atténuent. Autre méthode pour éclaircir ces marques : appliquez simplement une rondelle de citron sur la zone concernée pendant 10 minutes. Recommencez de même, une fois par semaine, jusqu'à ce que les taches s'atténuent.

PROBLÈMES D'ONGLES

Si vos ongles sont cassants ou marqués de taches, appliquez-leur de l'eau additionnée de jus de citron. Laissez agir quelques minutes. Utilisée fréquemment, cette méthode rend les ongles plus robustes et plus brillants.

REFLETS NATURELS

L'été, le jus de citron embellit les cheveux de reflets dorés. Cependant, il a tendance à les dessécher, c'est pourquoi il ne faut pas recourir à cette méthode trop souvent. Préparez une tasse d'eau chaude additionnée de jus de citron (un fruit suffit, pour une longueur moyenne). Après le shampooing, humectez votre chevelure de cette solution. Laissez tel quel au soleil pendant quelques heures (sans oublier de vous protéger la peau avec une crème solaire).

LOTION CAPILLAIRE

Pour rendre vos cheveux plus souples et plus brillants, mélangez le jus d'un citron à une tasse d'eau et humectez-en vos cheveux. Attendez quelques minutes, puis rincez.

TRAITEMENT ANTIPELLICULAIRE

Mélangez quelques cuillerées à soupe de jus de citron avec de l'huile d'olive chaude et faites pénétrer dans le cuir chevelu en massant doucement. Laissez agir un quart d'heure, puis lavez vos cheveux et rincez-les comme d'habitude.

POUR DES PIEDS SOUPLES ET DOUX

Dans une bassine d'eau, mélangez :

- 20 cl de jus de citron
- 2 c. à s. d'huile d'olive
- 10 cl de lait
- Ajoutez, si vous le souhaitez, quelques gouttes de votre huile essentielle préférée.

Prenez ce bain de pieds pendant un quart d'heure, puis rincez à l'eau chaude. En renouvelant l'opération une fois par semaine pendant plusieurs semaines, vous remarquerez que la peau de vos pieds gagne beaucoup en douceur et en souplesse.

BAIN

Offrez-vous ce merveilleux plaisir. Pendant que le jus de citron donnera un coup de jeune à votre peau, vous respirerez l'arôme des huiles essentielles, s'élevant dans la vapeur au-dessus du bain. Pressez 5 citrons, dont vous mélangerez le jus à l'eau du bain. Ajoutez 8 gouttes d'huile essentielle de citron et 2 litres de petit-lait ou de babeurre. Détendez-vous dans l'eau pendant un quart d'heure. Votre corps et votre esprit s'imbiberont de tous les bienfaits du citron.

ET MAINTENANT, UN PEU D'EXERCICE

L'activité physique est une composante primordiale du régime citron. En effet, c'est un moyen idéal de stimuler la digestion et le métabolisme, facteurs de perte de poids. Ne vous inquiétez pas à l'idée de suer sang et eau en gymnastique épuisante. L'exercice proposé dans les pages suivantes, tout à fait facile, se limite pour l'essentiel à de la marche et à quelques abdominaux. Il ne nécessite rien d'autre que des chaussures de sport bien adaptées, et assez de place dans votre salle de séjour pour effectuer quelques exercices de tonification et d'étirement. C'est aussi simple que cela.

AVERTISSEMENT

Si vous souffrez d'obésité, d'hypertension ou d'une autre pathologie, demandez à votre médecin si ce programme vous convient. Cela confirmé, veillez à effectuer des activités sans danger pour votre santé. Vous ne devez pas éprouver de douleur, inconfort, essoufflement ou étourdissements. Dans le cas contraire, cessez immédiatement et consultez votre médecin.

Exercice, digestion et amaigrissement

Pour votre santé comme pour votre ligne, plus vous êtes actif, mieux c'est. L'exercice physique réduit les risques cardio-vasculaires. Dans le même temps, il vous dynamise et il exerce une action bénéfique sur votre mental. Pendant les heures qui suivent une séance, il augmente la vitesse à laquelle vous brûlez vos calories. Autrement dit, vous consommez celles-ci même au repos. Et votre corps tire un meilleur parti des nutriments contenus dans les denrées ou suppléments alimentaires que vous avez absorbés. En outre, un exercice régulier accroît aussi la puissance musculaire. Or, les muscles sont des machines à brûler les graisses.

L'activité physique offre encore d'autres considérables avantages. Elle améliore la circulation. Elle accélère le processus d'élimination naturel des toxines qui joue un rôle essentiel dans la perte de poids. Quand on fait de l'exercice, on respire plus profondément. Le diaphragme – muscle de forme courbe, situé entre le thorax et l'abdomen – descend lorsqu'on inspire à fond, et revient en place lors de l'expiration. Ces mouvements exercent un effet de massage qui favorise et régule le transit. Enfin, l'exercice vous incite à vous hydrater davantage, élément important pour bien digérer et pour maigrir.

Vous voulez améliorer votre digestion, perdre naturellement du poids et gagner en tonus ? Engagez-vous envers vous-même à faire un peu d'exercice chaque jour, sans exception, même si cela ne consiste qu'en une demi-heure de marche.

Un peu de marche

Des séances de marche régulières, associées au régime citron, sont excellentes pour mieux digérer et déclencher une perte de poids. La marche entraîne une alternance de contractions et de détente des muscles, ainsi que des changements cadencés de pression dans les cavités corporelles, favorisant la circulation sanguine. Cela, à son tour, facilite en douceur la digestion et l'amincissement. Outre que la marche stimule l'élimination des graisses, elle renforce la musculature et l'ossature. En bref : vous avez envie de retrouver votre énergie et une mine resplendissante, tout en perdant des kilos superflus ? La marche est idéale pour vous ! Elle ne présente pas le moindre risque pour la santé et se pratique n'importe où, n'importe quand. Il suffit d'une paire de chaussures adaptées et d'un peu de motivation !

Passons maintenant à la pratique. Au lieu de faire le tour du parking à n'en plus finir, dans l'espoir de trouver la place la plus proche de l'entrée, garez-vous un peu plus loin et finissez à pied. Empruntez les escaliers, plutôt que les ascenseurs ou escalators. Au lieu de vous affaler devant la télévision, sortez prendre l'air. Ne vous laissez pas arrêter par quelques gouttes, il suffit de prendre un parapluie ! Il fait vraiment trop mauvais ? Mettez votre disque préféré et dansez. Certes, ce n'est pas de la marche, mais les mouvements de danse consomment aussi de l'énergie. En outre, plus vous remuez ainsi, plus vous respirez à fond. Autre idée : faire de légers sauts sur un petit trampoline, tout en regardant votre émission favorite à la télé.

Technique de marche

Un petit tour peut se transformer en efficace exercice, propre à brûler vos graisses tout en tonifiant fessiers, hanches et cuisses. Mettre un pied devant l'autre est facile. Mais pour tirer un bénéfice maximal de votre promenade, il faut que vous adoptiez une technique de marche correcte.

- Rectifiez tout d'abord votre posture. Pour cela, relâchez les épaules, rentrez doucement le ventre et remontez légèrement la poitrine.
- Regardez non pas par terre mais devant vous, menton parallèle au sol.
- Détendez les bras, qui doivent rester près du corps.
- À chaque pas, posez en premier le talon puis transférez votre poids sur la plante du pied, en déroulant celui-ci par un mouvement souple.
- Adoptez une marche vive, à une cadence qui vous essouffle légèrement, mais pas au point que cela devienne inconfortable. Vous devez rester apte à prononcer des phrases courtes.
- Accélérez le pas sans l'allonger. En effet, de grandes enjambées, peu naturelles, déséquilibreraient votre posture.
- Ne sautez pas : le mouvement doit être fluide.

Si vous n'avez pas l'habitude de marcher, commencez à un rythme modéré, mais plus soutenu que celui de la simple balade. Quand vous serez plus à l'aise, accélérez le pas en produisant un léger effort. Puis, quand la marche rapide vous sera familière, adoptez la cadence la plus rapide possible pour vous, tout en gardant une tenue du corps et une technique correctes. Un peu de pente ajoutera une réelle différence à votre entraînement : trouvez une côte légère près de chez vous, ou réglez votre tapis roulant en conséquence. Enfin, il importe de marcher toujours à la même cadence, que vous montiez ou descendiez, afin de conserver un rythme cardiaque régulier et de brûler le maximum de calories.

Équipez-vous de chaussures de sport ou de marche confortables et de vêtements amples. Vos chaussures doivent être légères, assurer un bon amortissement au niveau du talon et laisser assez d'espace aux orteils. D'un modèle à l'autre, elles soutiennent le pied différemment. En cas de doute, demandez conseil à un vendeur.

Programme de marche

Vos séances de marche vont vous permettre non seulement de brûler des calories, mais aussi de gagner en assurance, en endurance et en tonus. Pour vous échauffer, commencez à un rythme modéré pendant cinq minutes, puis passez à la vitesse supérieure. Augmentez celle-ci quand cela ne vous demande pas un effort trop important et ralentissez en cas de fatigue. En accélérant, balancez les bras d'avant en arrière, jusqu'à la limite entre marche et course, puis baissez un peu votre rythme, de façon qu'il vous soit facile à tenir. Ainsi, vous serez juste à la bonne cadence. Cinq minutes avant la fin de la séance, revenez à un rythme modéré.

Cela fait longtemps que vous ne pratiquez aucune activité physique ? Vous avez beaucoup de kilos à perdre ? Ne vous lancez pas dans un programme trop énergique. Commencez doucement, puis, quand vous aurez gagné un peu d'endurance, augmentez petit à petit l'intensité et la durée de vos séances.

Pendant la première semaine, par exemple, marchez à pas lents pendant cinq minutes, puis à un rythme soutenu cinq autres minutes, puis revenez à un rythme modéré, de sorte que votre séance quotidienne se limite à un quart d'heure. La deuxième semaine, prolongez-la de cinq minutes, à pas modéré. La semaine suivante, passez à 25 minutes. Ainsi, vous atteindrez votre demi-heure de marche quotidienne à la quatrième semaine.

Si vous vous en sentez la force, adoptez des séances de trois quarts d'heure ou bien marchez à un rythme rapide pendant 25 minutes. Mais garder des séances de 30 minutes à pas modéré est tout à fait acceptable, dès lors que vous prodiguez chaque jour un véritable effort. Vous pouvez aussi, deux ou trois fois par semaine, couper la séance en deux, en effectuant, par exemple, un quart d'heure de marche sur le chemin du travail et autant à l'heure du déjeuner.

PROGRAMME DE MARCHE TONIQUE

Semaine 1

1 x 20 minutes de marche modérée
2 x 30 minutes de marche modérée
1 x 45 minutes de marche modérée
1 x 15 minutes de marche soutenue
1 x 20 minutes de marche rapide
1 journée de repos

Semaine 2

3 x 30 minutes de marche modérée
2 x 40 minutes de marche modérée
1 x 25 minutes de marche soutenue
1 journée de repos

PROGRAMME DE MARCHE TONIQUE (SUITE)

Semaine 3
2 x 30 minutes de marche modérée
3 x 40 minutes de marche modérée
1 x 30 minutes de marche soutenue
1 journée de repos

Semaine 4
2 x 30 minutes de marche modérée
2 x 40 minutes de marche modérée
1 x 30 minutes de marche soutenue
1 x 25 minutes de marche rapide
1 journée de repos

Petits maux passagers

Au début, vous ressentirez peut-être quelques courbatures et autres douleurs. Si l'activité physique est une nouveauté pour vous, c'est normal.

En cas de douleurs aux genoux

Assis par terre, tendez la jambe droite devant vous et tenez la gauche pliée, pied au sol. Posez les mains derrière vous et tenez votre dos bien à la verticale. Soulevez la jambe gauche à quelques centimètres du sol, tenez la position quelques secondes, puis reposez le pied. Faites l'exercice cinq fois puis recommencez avec l'autre jambe. Effectuez-le deux à quatre fois par semaine.

En cas de courbatures dans les mollets

Avant et après votre séance de marche, placez-vous devant un mur, un arbre ou un poteau. Appuyez les deux paumes contre celui-ci. Pied au sol, fléchissez la jambe gauche. Dans le même temps, appuyez le talon droit contre le sol, jusqu'à ce que vous sentiez votre mollet tirer. Faites de même en changeant de jambe.

En cas de courbatures dans les bras

Voici un exercice destiné à vous étirer le torse, avant chaque séance de marche. Écartez les pieds, qui doivent être sur la même ligne que vos épaules. Puis passez le bras droit par-dessus votre tête, en pliant le coude de façon à avoir la main droite derrière la tête. Posez la main gauche sur le coude droit et tirez doucement celui-ci vers la gauche, en entraînant légèrement le torse dans le même sens. Tenez la position le temps de quelques respirations profondes, relâchez et recommencez de l'autre côté.

En cas de courbatures sur l'avant de la jambe

Debout, avec les pieds presque joints, hissez-vous sur la pointe des pieds en roulant sur la plante, tenez deux secondes puis revenez à la position de départ. Roulez maintenant vers l'extérieur des pieds, tenez deux secondes et revenez à la position de départ. Roulez maintenant sur vos talons, en décollant les orteils du sol, tenez deux secondes et revenez. Faites cet exercice autant de fois que vous voulez avant de marcher.

Toute activité compte

Vous avez du mal à bloquer une demi-heure de votre temps tous les jours ? Rien ne vous empêche d'étaler ces trente minutes d'exercice tout au long de la journée. Monter des escaliers, jardiner ou faire le ménage, c'est aussi de l'activité physique ! D'autre part, il se peut que trois séances de dix minutes de marche vous conviennent davantage que 30 minutes d'affilée. Toute activité compte. Essayez toutefois de vous bouger au moins une demi-heure par jour, tous les jours. Si vous pensez ne pas atteindre les 30 minutes, trouvez d'autres moyens d'y parvenir : portez vos sacs de courses, faites le tour du pâté de maison, lavez vous-même votre voiture, inscrivez-vous à un cours de danse... À long terme, ces petits changements peuvent suffire à vous faire maigrir.

Faites-le avec plaisir !

Quelque activité que vous choisissiez – marche, jogging, danse, trampoline, équitation, natation, cyclisme, escrime... – il importe que vous la réalisiez avec plaisir. Le meilleur moyen pour laisser rapidement tomber une activité physique est de s'imposer une discipline rebutante. Trouvez plutôt un sport qui vous plaise assez pour que vous persévériez dans sa pratique. Et si, un jour, vous négligez d'accomplir votre demi-heure d'exercice, que cela ne compromette pas la suite de votre programme. Dès lors que vous effectuez avec assiduité vos 30 minutes quotidiennes, une exception de temps en temps ne peut nuire.

Vous avez du temps et de l'énergie ? Élevez la barre un peu plus haut, en effectuant par exemple une demi-heure de marche rapide avant le petit déjeuner et une autre, de marche normale, avant le déjeuner. Il suffit de le vouloir et cela peut vraiment relancer votre métabolisme. Gardez toutefois la mesure. L'excès d'activité physique (au-delà d'une heure et demie ou deux par jour) est inutile et relève de l'obsession, à moins d'être danseur ou sportif de haut niveau. Le plus important reste d'apprécier cette activité, sachant combien elle peut améliorer votre existence, mais sans la laisser devenir envahissante.

Tonification musculaire et étirements

Quand vos trente minutes d'activité physique seront devenues une habitude, vous pourrez vous lancer dans la pratique d'autres exercices, destinés à renforcer votre musculature, à raison de dix à quinze minutes, trois ou quatre fois par semaine. En effet, plus on a de muscles, plus on brûle de calories, et mieux on équilibre son taux de sucre sanguin. Vous pouvez utiliser les appareils d'un club de gym. Mais si cela ne vous attire pas, trouvez dans la vie quotidienne d'autres manières d'entretenir votre musculature : portez vos bagages, faites quelques séries d'abdominaux et de pompes tout en regardant la télévision, contractez les fessiers en attendant l'autobus, portez vos enfants, entraînez-vous à domicile à l'aide d'un DVD de gymnastique, etc.

Pratiqués chaque jour, les étirements sont également excellents car ils améliorent la tenue, évitent les lésions des articulations et préservent votre souplesse. Effectuez ces exercices de préférence au lever, au coucher, avant ou après d'autres activités physiques ou bien après un bain. Inutile de chercher la complication ou de vous efforcer d'adopter des positions pénibles. Le simple fait de vous hisser sur les orteils en tendant les bras au maximum vers le haut est extrêmement efficace. Veillez toutefois à ne pas travailler par à-coups. Tenez la position étirée pendant une trentaine de secondes puis relâchez.

Abdominaux

Les abdominaux classiques – relevés de buste et relevés de jambes – affinent la taille. Mais il existe d'autres exercices particulièrement à même de stimuler votre digestion et donc de vous faire mincir de manière facile, rapide et sans l'aide de produits pharmaceutiques éventuellement nocifs. Voici quelques techniques chinoises traditionnelles, destinées à rétablir une digestion paresseuse en massant vos organes ventraux.

Élévation abdominale

Ce premier exercice doit être effectué impérativement l'estomac vide, de préférence au lever, avant le petit déjeuner. Il prépare vos organes digestifs à recevoir de la nourriture, grâce à un massage tonifiant pratiqué sur toute la région abdominale.

1. Debout, écartez les pieds de façon qu'ils soient dans le prolongement de vos épaules. Posez vos mains juste au-dessus des genoux, les doigts à l'intérieur des cuisses.
2. Expirez profondément par la bouche, pour vider vos poumons. Immédiatement, et sans inspirer, sollicitez vos muscles abdominaux pour soulever votre abdomen aussi haut que possible et l'amener vers votre colonne vertébrale. Tenez cette position 5 à 10 secondes. N'inspirez toujours pas !
3. Relâchez la paroi abdominale et laissez-le tout revenir doucement en place. Respirez maintenant à fond, lentement, une fois ou deux.
4. Faites d'abord des séries de deux ou trois, puis augmentez à six. Une fois la dernière terminée, tenez-vous en position bien verticale, les bras le long du corps.
5. Pour finir, inspirez lentement et profondément en levant

les bras droit devant vous puis au-dessus de la tête. Étirez-vous vers le haut, aussi loin que possible, en retenant votre souffle quelques instants. Sentez vos abdominaux s'étirer.

6. Expirez doucement, en ramenant lentement les bras le long du corps.

Rotation arrière

Après avoir consacré quelques minutes à l'exercice précédent, effectuez la rotation arrière. Ce classique de la gymnastique chinoise a lui aussi la vertu de stimuler les organes abdominaux par une action de massage.

1. Debout, le dos bien droit et les pieds parallèles, écartés sur la même ligne que les épaules, fléchissez légèrement les genoux. Faites bien reposer votre poids sur vos jambes et laissez vos bras pendre le long du corps.
2. Tournez doucement le torse et la tête vers la droite, afin de regarder droit derrière vous. Laissez vos bras libres, mais veillez à garder les jambes et les pieds de face tout au long de l'exercice : seuls le torse et les bras doivent bouger.
3. Revenez lentement vers l'avant, puis poursuivez le mouvement vers la gauche, pour regarder de nouveau derrière vous. Renouvelez ce mouvement de rotation.
4. Laissez vos bras suivre la rotation naturellement. N'arrêtez le mouvement à aucun moment. Peu à peu, augmentez la vitesse et tournez tout le haut du corps, jusqu'aux hanches. Vos bras vont tourner aussi, en s'écartant du corps.
5. Faites 10 à 15 rotations par côté. Puis montez à 30, ou bien poursuivez l'exercice pendant 2 minutes chaque fois. En fin d'exercice, n'arrêtez pas brusquement. Ralentissez en douceur pour revenir à la position de départ, en

laissant vos bras tourner jusqu'à ce qu'ils tombent d'eux-mêmes le long du corps. Inspirez et expirez plusieurs fois, lentement et à fond.

Massage abdominal

Après un repas, le massage de l'abdomen favorise la digestion et l'absorption des nutriments. En Chine, on voit souvent des gens marcher très lentement après avoir mangé, en se frottant le ventre.

1. En position debout, écartez les pieds dans le prolongement des épaules et gardez-les parallèles.
2. Fléchissez légèrement les genoux, le poids du corps bien à l'aplomb.
3. Gardez le dos bien droit, ou asseyez-vous sur une chaise à dossier droit, d'assise ferme mais confortable.
4. Frottez-vous les mains vigoureusement pour les faire chauffer. Placez-les l'une sur l'autre sur votre abdomen, juste en dessous du nombril, directement sur la peau.
5. Avec la paume et les doigts, faites autour du nombril de petits cercles dans le sens des aiguilles d'une montre. Exercez une pression assez ferme, mais pas au point d'être désagréable.
6. Commencez par de petits cercles, puis élargissez-les peu à peu pour masser finalement la totalité de l'abdomen.
7. Sentez la chaleur pénétrer votre ventre.
8. Comptez 40 à 50 cercles ou poursuivez simplement le massage pendant plusieurs minutes, une ou deux fois par jour.

RESTER MOTIVÉ

Au cours de votre première semaine d'adaptation au régime citron, vous traverserez sans doute des moments de découragement. Ce chapitre vous aidera à franchir les caps du « ras-le-bol » et du « j'ai tellement faim que je mangerais n'importe quoi ». Vous y apprendrez aussi comment dominer votre stress, que faire lorsque vous mangez à l'extérieur et comment surmonter ces phases où votre amincissement stationne.

Quand la fringale frappe

Jetez les sources de tentation

Pour résister à la tentation, la première chose à faire consiste à vider placards et réfrigérateur des aliments qui font grossir et nuisent à la santé. Débarrassez-vous de tous gâteaux, biscuits, bonbons et autres denrées auxquelles il est tellement facile de succomber quand ils sont à portée de main.

Vos envies irrépressibles concernent vos aliments habituels. En changeant d'alimentation, vous réussirez à les atténuer tout en acquérant de l'appétit pour de nouvelles denrées. Les premières journées seront les plus difficiles. Sans doute céderez-vous de temps en temps à la tentation. Mais plus vous éviterez les produits qui les déclenchent, moins ils vous feront envie. En fait, il se peut même que vous ressentiez bientôt des fringales pour les aliments frais et sains que vous découvrez maintenant. Ce sera signe d'un réel progrès.

Continuez à boire du jus de citron

Ayez toujours un stock de citrons frais pour pouvoir vous confectionner à tout moment un verre de jus chaud. L'eau coupée de citron ou les tisanes au citron sont d'excellents coupe-faim, notamment juste avant les repas, car elles donnent une impression de satiété. Pressez le jus et mettez aussi le quartier de citron dans la tasse. De plus, augmenter votre consommation d'eau a une influence directe sur votre énergie. Souvent, une forte envie de sucre traduit en réalité un besoin de réhydratation.

Couchez-vous tôt

Essayez de vous coucher tôt. En effet, une bonne dose de sommeil entretient le tonus et joue sur la maîtrise de l'appétit. Pour bien dormir, ajoutez de l'huile essentielle, oléorésine par exemple, à l'eau de votre bain ou versez-en quelques gouttes sur votre oreiller. Faire de bonnes nuits est important, car le manque de sommeil perturbe les productions hormonales, ce qui entraîne des modifications du métabolisme et augmente l'appétit. La fatigue provoque des fringales. Alors, au lieu de bondir sur la boîte à biscuits, accordez-vous une sieste revigorante, sans dépasser les vingt minutes.

Mangez peu et souvent

Quand on espace ses repas de trois heures au maximum, on n'a tout simplement pas le temps de voir arriver la faim. Le régime idéal se compose de trois repas équilibrés, plus deux collations par jour. Voici en quoi ces dernières peuvent consister :

- 30 g d'amandes, de noix ou de noix de pécan
- 1 yaourt
- 1 portion de légumes crus : céleri, carotte, brocoli ou chou-fleur, par exemple

Le chapitre 4 présente d'autres suggestions de collations.

Dominez la tentation

Vous avez succombé à la tentation, en achetant un produit à éviter ? Croquez-en une bouchée et détruisez le reste. Ne vous contentez pas de le jeter : mouillez-le d'abord, pour le rendre inconsommable. Cela vous donnera un sentiment de victoire sur vos envies alimentaires. Vous saurez que c'est vous qui les dominez et non l'inverse. Ne pensez pas à l'argent dépensé pour rien. Si vous n'anéantissez pas la tentation, elle se retrouvera bientôt sur vos hanches.

Ne mangez pas à la va-vite !

Les gens qui mangent trop vite ingèrent une dose excessive de nourriture, leur organisme n'ayant pas le temps de manifester qu'il est arrivé à satiété. Et la tendance actuelle à manger sur le pouce ou à grignoter n'importe quoi n'améliore en rien la situation. En prenant le temps de manger tranquillement, de mastiquer au maximum et de déguster le contenu de votre assiette, vous éviterez de dépasser vos besoins. Entre chaque bouchée, posez couteau et fourchette sur la table. En fin de repas, vous avez encore faim ? Attendez une vingtaine de minutes. Il faut au cerveau quinze à vingt minutes de plus qu'à l'estomac pour se déclarer satisfait. Après ce délai, sans doute vous rendrez-vous compte que vous êtes rassasié, en réalité.

Ne vous privez pas de chocolat

Chaque soir, offrez-vous un délicieux morceau de chocolat de qualité, à 70 % de cacao. Pour le savourer au maximum, installez-vous confortablement, détendez-vous et ne faites rien d'autre que d'en apprécier le goût et la texture. Dégustez-le lentement, bouchée après bouchée. De manière générale, quoi que vous mangiez, n'éprouvez pas de culpabilité. Une petite portion de votre péché mignon vous évitera des frustrations.

Sortez faire un tour

Quand vous sentez la fringale arriver, partez faire un tour. L'exercice physique est un remarquable coupe-faim. Vous ne pouvez pas sortir ? Écoutez un moment votre disque préféré, cela vous fera penser à autre chose qu'à la nourriture. Quelques minutes de musique entraînante suffisent à faire oublier un petit creux.

Regardez-vous dans la glace

Suspendez un miroir face à votre place à table. Une étude a démontré qu'en prenant ses repas face à son propre reflet, on mangeait 30 % de moins. En se regardant dans les yeux, on voit sans doute s'y réfléchir ses règles et objectifs intérieurs. Ainsi, les motivations qui vous incitent à moins manger vous reviendront à l'esprit.

Préparez des portions à l'avance

Lors de vos collations, ne tirez pas directement les produits du sac ou de la boîte. Mettez-les d'abord dans un bol. De cette façon, vous saurez exactement quelle quantité vous allez absorber. Par exemple, divisez un paquet de 300 grammes de noix en dix sachets en plastique. N'en consommez qu'un à la fois et rangez le reste dans un endroit où vous ne les voyez pas. L'un des meilleurs moyens d'éviter les creux est de manger une poignée de fruits secs (6 noix, 12 amandes ou 20 cacahuètes), accompagnés de deux verres d'eau. En effet, outre que vos papilles apprécieront cette attention, les protéines contenues dans les fruits vous procureront une sensation de satiété et vous rechargeront en énergie.

Ne faites pas vos courses à jeun

Faire les courses quand on a faim n'est pas une bonne idée, car cela vous incite à vous précipiter sur les produits gras ou sucrés, les plus riches en calories. Dressez une liste de ce dont vous avez besoin et ne vous en écartez pas. Rapportez assez de légumes pour au moins une semaine. Évitez les promotions : à force d'acheter deux paquets au prix d'un, vous devrez bientôt vous procurer un pantalon dans la taille au-dessus. Pour des économies, c'est raté !

Autres conseils

- Respirez l'odeur d'un citron, d'une banane, d'une pomme, d'un bouquet de menthe ou d'un flacon d'essence de vanille. Il semblerait que cela induise le cerveau en erreur : il croit que vous êtes véritablement en train de consommer l'aliment. En outre, l'essence de vanille aurait des propriétés coupe-faim.
- La tisane de menthe fraîche a des vertus désaltérantes et apaisantes. Mettez des feuilles de menthe dans une tasse, ajoutez de l'eau bouillante et laissez infuser. Les tisanes de citron, camomille et verveine sont également efficaces pour couper l'appétit.
- Vous connaissez vraiment d'intenses fringales ? Peut-être ne consommez-vous pas assez d'aliments propres à vous rassasier. Pour donner plus de consistance à vos repas, ajoutez-leur des pommes de terre, ainsi que des pâtes ou du riz, en veillant à choisir des produits complets.
- Si vous avez exclusivement envie de chocolat, par exemple, sachez que ce n'est pas vraiment la faim qui vous tenaille.

Pour penser à autre chose qu'à votre fringale, téléphonez à un ami, écrivez quelques lignes dans votre journal intime, ou prenez un livre. Un creux ne dure qu'une dizaine de minutes. Vous devriez donc parvenir à distraire votre esprit de la nourriture pendant ce bref laps de temps !

- Brossez-vous les dents peu de temps après les repas. Cela vous dissuadera de remanger. Faites de même si vous sentez une fringale arriver ou, quand ce n'est pas possible, sucez un bonbon à la menthe.
- Mangez des légumes ou de la soupe avant votre plat de résistance. Cela vous emplira l'estomac et vous évitera d'engloutir une trop grosse ration ensuite.
- Pendant les repas, éteignez téléviseur et ordinateur pour ne pas vous laisser distraire du contenu de votre assiette. Sans quoi, vous risqueriez de vider celle-ci sans même vous en rendre compte.

Dominez votre stress

Le stress, auquel l'estomac et les intestins sont extrêmement sensibles, nuit à vos efforts pour mincir. En effet, dans les moments de tension, l'organisme se concentre sur la réaction à adopter en suspendant momentanément ses fonctions digestives. En d'autres termes, seule une partie des aliments est absorbée. Cela induit des carences en nutriments, qui, comme vous le savez désormais, entravent la perte de poids. Un stress prolongé engendre une incapacité chronique à digérer correctement, ainsi qu'une baisse des défenses immunitaires, des fringales, des troubles abdominaux et des sautes d'humeur.

Puisque le stress favorise les kilos, en particulier au niveau de l'abdomen, cela signifie logiquement qu'en apprenant à y faire face, on doit pouvoir éviter d'engranger des centaines de calories par jour. Cela nécessite un peu de pratique. Commencez par des inspirations profondes. Visualisez une scène paisible. Pour progresser plus vite, vous pouvez aussi vous procurer un CD de relaxation, qui vous apprendra progressivement à vous détendre.

Sachez anticiper

Suivre un régime peut contribuer, dans une large mesure, à améliorer votre bien-être mental et physique. Nous avons tous tendance à pratiquer une forme d'« automédication », en apaisant notre stress à l'aide de quelques carrés de chocolat ou d'un verre de vin. Prévoir ce que vous allez manger permet d'éviter les excès lors de ces phases où nous sommes le plus vulnérables. Fixez à l'avance la composition de vos repas et collations. Ainsi, vous serez moins tenté d'engloutir ce qui vous tombe sous la main.

Même si l'on est prévoyant, on doit de temps en temps s'adapter à des situations stressantes : surcroît de travail, embouteillages, arrivée d'invités surprise, etc. Gardez en réserve, au réfrigérateur, au congélateur ou dans vos placards, suffisamment de produits de dépannage : soupes ou légumes secs, par exemple. Et achetez toujours une bonne quantité de légumes et fruits frais ainsi que des fruits secs et des graines, à grignoter dès que vous aurez un petit creux, sans risques pour votre ligne.

Restez fidèle au régime citron

En restant fidèle au régime citron, vous ferez de votre alimentation une arme imparable contre le stress. Prenez repas et collations à quelques heures d'intervalle et renoncez à la caféine, au sucre et à l'alcool. Ainsi, vous garderez un taux de sucre équilibré et vous

vous assurerez un apport en nutriments suffisant pour conserver votre sérénité lors des périodes de tension. Augmenter votre dose de magnésium en mangeant davantage de légumes verts ou secs, fruits secs et céréales complètes y contribuera aussi. En effet, ce minéral a des propriétés calmantes, car l'organisme s'en sert pour produire de l'énergie, équilibrer le taux de sucre et réguler la tension artérielle, fonctions précisément perturbées en cas de stress. La vitamine B5 et la vitamine C sont deux autres nutriments aux vertus antistress. On trouve la B5 dans les œufs, le poisson, les lentilles, le soja et les céréales complètes. La vitamine C est contenue dans les baies, le brocoli, le chou, le poivron et les agrumes, comme le citron.

Réduisez votre consommation de caféine

L'idéal serait de vous abstenir complètement de café. Cependant, si vous en éprouvez vraiment le besoin, prenez-en une tasse ou deux, mais jamais l'estomac vide ni avant 10 heures du matin. Absorber de la caféine alors que votre organisme est en train de s'éveiller serait lui imposer une forme de stress supplémentaire. Qui plus est, celui-ci s'accoutumant à la caféine, il faut lui en procurer toujours davantage pour produire un effet.

Adoptez l'avoine

Après votre dose d'énergie, sous forme de vitamine C, contenue dans votre jus de citron du matin, adoptez les flocons d'avoine au petit déjeuner. En effet, cette céréale – à consommer complète – regorge de vitamines B et de magnésium. Elle contient en outre un acide aminé, le tryptophane, qui, sous l'action du lait, accède au système nerveux. Celui-ci l'utilise pour produire de la sérotonine, l'« hormone du bien-être ». D'autres aliments favorisent aussi la sécrétion de sérotonine : la banane, les figues, les dattes et le yaourt.

Du sport, oui, mais sans excès
Un entraînement sportif intense a pour effet d'accroître la sécrétion de cortisol, hormone dite « du stress ». Par conséquent, évitez d'aggraver la situation, si vous traversez déjà une période de tension prolongée. Descendez la barre d'un cran ! Laissez tomber votre marathon aérobic et remplacez-le, par exemple, par de la marche, de la natation à niveau modéré ou du yoga.

Et au restaurant ?

Au restaurant, il est moins facile de décider de ce qu'on mange que chez soi. Mais vous pouvez tout de même choisir, au menu, les plats les plus sains. Voici quelques recommandations.

- N'arrivez pas affamé au restaurant ; mieux vaut avoir mangé quelque chose de léger une heure auparavant.
- Au lieu de bondir sur le panier à pain, buvez de l'eau et mangez quelques olives en guise d'apéritif.
- Méfiez-vous des sauces qui dissimulent sucres et graisses. Demandez qu'elles vous soient servies à part, pour n'en mettre qu'une quantité raisonnable sur votre plat.
- Vous n'avez pas très faim ou souhaitez éviter les excès de table ? Commandez si possible deux entrées, ou une entrée et une salade, au lieu d'un plat de résistance.
- Buvez de l'eau, de préférence à l'alcool et au café. Vous la trouvez un peu trop plate et sans saveur ? Optez pour une eau gazeuse avec une rondelle de citron.
- Un potage, peu calorique, constitue une excellente entrée. Sauf s'il contient de la crème.
- Choisissez de préférence les aliments grillés, cuits au four, pochés ou cuits vapeur. En effet, ces modes de cuisson

nécessitant moins de graisses, le plat sera généralement moins riche en calories. Pour éviter les fritures, abstenez-vous de commander des beignets et autres denrées croustillantes. Dans les restaurants asiatiques, optez pour les nouilles ou le riz cuits vapeur, plutôt que frits.

- Les plats de poisson grillé accompagnés de légumes sont une solution particulièrement diététique. Pour faire encore mieux, demandez qu'on n'utilise pas de matière grasse pour le vôtre.
- Les plats à base de céréales complètes (du riz, par exemple) sont aussi un bon choix diététique.
- Faites-vous servir des pommes de terre au four ou des légumes vapeur, plutôt que des frites ou des légumes frits. Commandez systématiquement des légumes, en garniture ou en salade. Et si vous trouvez votre ration insuffisante, n'hésitez pas à en redemander.
- Vous avez un faible pour les pâtes ? Évitez les sauces à la crème, riches en graisses et en calories. Préférez-leur les sauces à base de tomate, comme la marinara, par exemple. D'ailleurs, celle-ci compte pour une de vos cinq portions de légumes quotidiennes !
- Choisissez un dessert léger, à base de fruits, ou bien partagez-le avec un autre convive. Moitié moins de dessert, c'est moitié moins de calories.
- Dès que vous vous sentez rassasié, cessez de manger. Soyez à l'écoute de votre corps. Ne continuez pas à vous gaver.
- N'oubliez pas que vous avez le droit de céder à vos péchés mignons de temps à autre, même si leur qualité diététique laisse à désirer. On ne peut sans cesse se priver des plats que l'on aime. Dès lors que vous les consommez avec modération et savez quand vous arrêter, quelques écarts ponctuels peuvent tout à fait s'inscrire dans un régime sain et raisonnable !

Enfin et surtout, rappelez-vous que c'est vous qui décidez de ce que vous absorbez. N'hésitez pas à questionner le serveur. Si vous aimez tel poisson, par exemple, mais souhaitez éviter la sauce au beurre qui l'accompagne, demandez à ce qu'il vous soit apporté tel quel ou préparé différemment. De façon générale, choisissez un plat simple, sans sauce dont vous ignoriez la composition. Vous ne sauriez vous tromper en optant pour du poisson ou du filet grillé, accompagné de légumes ou d'une salade.

Votre amincissement stationne

Pendant les premières semaines du régime citron, vous allez sans doute perdre trois ou quatre kilos. Au cours des suivantes, peut-être trouverez-vous que vous ne maigrissez plus aussi vite, malgré vos efforts pour manger sain et faire de l'exercice.

En fait, c'est lors de ces phases stationnaires qu'on est le plus près de perdre du poids. Il est toutefois courant de constater qu'après une perte de plusieurs kilos, on garde le même poids pendant plusieurs semaines. Cela s'explique par un besoin naturel d'équilibre. Une fois l'organisme accoutumé à de nouvelles habitudes en matière d'alimentation et d'activité physique, il adapte son métabolisme, afin de préserver ses stocks de graisse. Il est donc normal que l'aiguille de la balance ne bouge plus guère.

Si vous avez encore des kilos en trop, il importe de continuer à manger sain, pendant ce palier. Tenter d'accélérer votre amincissement en vous restreignant ne serait pas une solution : votre organisme, sensible à cette baisse en apport calorique, engrangerait d'autant plus de graisses. Ne vous en veuillez pas. Songez, au contraire, aux progrès que vous avez déjà accomplis et aux kilos disparus. Vous devez vous sentir beaucoup mieux maintenant que vous avez changé d'alimentation. Il doit vous être beaucoup plus facile de monter les escaliers ou de courir après vos enfants. Faire ce point sur tous les résultats obtenus vous aidera à rester motivé.

Est-ce vraiment un palier ?

Précisons tout d'abord que votre poids fluctue d'un moment à l'autre de la journée en fonction de divers facteurs, notamment le volume de nourriture absorbé et la rétention d'eau. Il n'y a pas de moment idéal pour se peser, mais les spécialistes recommandent de le faire à la même heure et sur la même balance. Limitez vos pesées à une ou deux par semaine, sans quoi les fluctuations de votre poids, bien normales, vous décourageraient. Par ailleurs, sachez que ce chiffre peut être trompeur. D'autres signes, comme l'indice de masse graisseuse, vos mensurations et l'ampleur de vos vêtements, sont aussi des indicateurs de vos progrès.

Quoi qu'il en soit, bien que vous continuiez à manger sain et à faire régulièrement du sport, votre poids ne bouge pas depuis plusieurs mois ? Dans ce cas, peut-être avez-vous simplement atteint votre poids naturel, celui qui convient à votre organisme. Si, compte tenu de votre stature et de votre constitution, il vous manque encore quinze kilos pour arriver à votre poids idéal, il peut effectivement s'agir d'un palier. Mais si vous pensez avoir encore trois à cinq kilos en trop, acceptez le résultat auquel vous êtes parvenu. À quoi bon imposer à votre corps la punition d'un régime strict, pour atteindre un poids qui, probablement, ne vous correspond pas et nuirait à votre santé ?

Par ailleurs, si vous pratiquez un sport qui développe la musculature, ne vous fiez pas à la balance. En effet, les muscles pèsent plus lourd que la graisse. Même sans avoir perdu de poids, vous pouvez sans doute maintenant arborer une silhouette plus svelte.

En cas de doute, consultez votre médecin pour déterminer si telle ou telle pathologie n'entrave pas votre amaigrissement : diabète, syndrome des ovaires polykystiques, troubles de la thyroïde ou autres déséquilibres hormonaux, par exemple. Les parties du corps où vous stockez vos graisses sont importantes aussi. Si vous les accumulez au niveau du ventre, cela présente un réel danger pour votre santé. En effet, il existe un lien entre l'excès de graisse abdominale et les maladies cardio-vasculaires, le diabète ou même le cancer.

Ces réflexions faites, si vous pensez vraiment être en phase stationnaire et avoir encore besoin de maigrir, voici deux choses à faire pour perdre d'autres kilos : revoyez vos habitudes alimentaires et adoptez un programme d'activité physique plus exigeant.

Revoyez votre mode d'alimentation

Buvez-vous assez ?

Comme vous l'ont appris les principes du régime citron, exposés au chapitre 4, il est essentiel de boire beaucoup d'eau pour maigrir. En effet, en brûlant des graisses, on augmente la quantité de toxines présentes dans l'organisme. Il faut donc les expulser, à l'aide du foie et des reins. Quand on ne l'hydrate pas assez, l'organisme brûle les graisses moins efficacement, cette fonction naturelle ne s'activant pas. Vous vous alimentez correctement et faites régulièrement du sport ? Il suffit donc peut-être d'augmenter la quantité d'eau que vous buvez pour vous remettre sur la bonne voie. Buvez deux litres par jour (ou davantage, quand vous pratiquez une activité physique) et réduisez votre consommation de café, de thé ou autres boissons aux effets déshydratants. Absorber au moins deux verres de citronnade par jour vous aidera aussi.

Tenez un carnet de bord

Quand on commence à perdre du poids, on a tendance à se montrer moins vigilant qu'au début du régime. Les portions augmentent de volume. Les sucreries reviennent à la charge. Peut-être absorbez-vous maintenant plus de calories que nécessaire. Voilà encore de bonnes raisons de noter dans un carnet tout ce que vous mangez. Cela vous aidera à déterminer ce qui vous empêche de continuer à mincir. Non pas qu'il faille vous mettre à la diète. Mais sans doute vous reste-t-il des changements à adopter : consommer davantage de fruits, manger de la salade tous les jours, et éviter les aliments très caloriques.

Soyez indulgent envers vous-même

Souvent, les personnes qui entreprennent d'adopter une alimentation plus saine pratiquent le « tout ou rien ». Au moindre faux pas, elles éprouvent de la culpabilité ou de la colère envers elles-mêmes et ces sentiments négatifs les incitent à manger n'importe quoi. Commencez par vous accorder plus d'indulgence : peu importe que vous vous soyez laissé aller. Ce qui compte, c'est la façon dont vous réagissez à cet écart. Dites-vous bien que nul n'est parfait. Et que demain sera un autre jour.

Faites-vous aider

Le conjoint, les amis, un groupe de soutien aux personnes en surpoids ou un forum internet sont tous à même de prodiguer soutien et encouragements. Il est prouvé qu'on arrive mieux à perdre des kilos de façon durable si on bénéficie de l'aide de personnes avec qui partager ses hauts et ses bas.

Pas trop vite !

Souvent, on se fixe des objectifs trop ambitieux. Lorsqu'on adopte une alimentation saine doublée d'un exercice régulier, on perd vite du poids, mais c'est surtout de l'eau. Ensuite, on perd un demi-kilo par semaine, en moyenne, ce qui représente déjà un progrès (même quelques livres en l'espace d'un mois sont un résultat appréciable). En fait, la meilleure façon de maigrir consiste à perdre du poids lentement, mais sûrement (un demi-kilo à un kilo par semaine) : on risque moins d'en reprendre.

Cherchez d'autres facteurs

D'autres facteurs entravent-ils vos efforts pour maigrir ? Le stress, par exemple, peut réveiller des émotions ou des besoins propres à saper à la base votre programme d'alimentation. Dans votre carnet de bord, inscrivez les pensées ou sentiments qui vous poussent à abuser de la nourriture. Faites aussi appel à votre entourage ou à un groupe de soutien. À plusieurs, vous évoquerez les rapports entre votre alimentation et votre moral.

Organisez-vous

Pour ne pas commencer la journée avec une sensation de faim, ne sautez jamais le petit déjeuner. Et organisez-vous pour respecter votre régime : emportez de quoi vous nourrir correctement sur votre lieu de travail et garnissez votre réfrigérateur d'aliments sains, pour éviter d'être tenté par des produits incompatibles avec votre régime.

Mangez peu mais souvent

N'oubliez pas que pour retrouver la ligne, il importe de manger peu mais souvent, ce qui régule votre taux de sucre sanguin ainsi que votre appétit. De plus, la digestion nécessitant une dépense en énergie, plusieurs petits repas par jour ont un effet stimulant sur le métabolisme.

Faites-vous assez d'exercice ?

Maintenant que vous avez adopté tous les changements nécessaires pour relancer votre régime, demandez-vous si une révision de votre pratique sportive ne pourrait pas déboucher, elle aussi, sur des résultats positifs.

Diversifiez vos activités

Peut-être votre activité physique demande-t-elle à être diversifiée ? Toutes les semaines, vous parcourez en footing la même distance ? Ou vous faites le même nombre de longueurs, à la piscine ? Quand un type d'exercice devient habituel, les muscles s'adaptent. De ce fait, l'organisme consomme moins de calories pour l'exécuter. Pour continuer à en brûler beaucoup, pratiquez plusieurs activités. Alternez, par exemple, la marche et le vélo, le jogging et la natation, le stepper et la gym, etc.

Travaillez plus intensément

Peut-être est-il temps d'augmenter l'intensité de votre entraînement. Il est démontré que trois quarts d'heure d'activité physique, cinq fois par semaine, sont efficaces pour maigrir. Si vous manquez de temps, intensifiez votre travail en rendant vos mouvements plus précis ou en vous abstenant de faire une pause entre les séries. Inutile d'allonger la durée de vos séances : il suffit d'accentuer votre effort.

Accélérez votre rythme pendant une à trois minutes, par exemple, puis reprenez votre cadence habituelle pendant trois à cinq autres minutes. Renouvelez ce cycle tout au long de votre séance pour mieux brûler vos calories.

Dès le lever

Effectuez votre séance d'exercice physique si possible dès le lever. En relançant votre métabolisme, cela vous permettra de brûler davantage de graisses tout au long de la journée. Si cette activité vous est inhabituelle en première heure, mangez un fruit et un biscuit sec avant de commencer. Vous prendrez votre petit déjeuner ensuite.

Musclez-vous

Travaillez-vous suffisamment en force ? Les muscles ont besoin de plus d'énergie que les graisses. Par conséquent, en augmentant la masse musculaire, on brûle plus vite des calories et donc de la graisse. Souvent, les femmes maigrissent uniquement parce qu'elles réduisent leur apport en calories. Elles ne pratiquent qu'un exercice modéré, de la marche, par exemple. C'est pourquoi elles perdent non seulement de la graisse mais aussi du muscle. Or, une perte d'un demi-kilo de muscle abaisse de 35 calories la quantité à absorber pour rester au même poids. Le secret consiste à atteindre une perte en graisse maximale, tout en préservant son tonus musculaire. Sans abandonner des activités surtout axées sur l'endurance, telles que marche ou natation, affinez et raffermissez encore votre silhouette par de la tonification musculaire, en travaillant avec des haltères, par exemple. Dans ce dernier cas, veillez à intercaler une journée de repos entre deux séances.

Êtes-vous suffisamment actif ?

En ces temps modernes où nous faisons nos courses sur internet, communiquons par mail ou par téléphone et non de visu, prenons l'ascenseur au lieu de l'escalier et passons nos soirées devant la télévision, nous sommes beaucoup moins actifs que les générations précédentes. Ne manquez pas une occasion de bouger davantage dans vos activités quotidiennes.

Récupérez
Le sport impose un stress à l'organisme. Si on ne laisse pas celui-ci récupérer entre deux séances d'entraînement, on risque de perdre du tissu musculaire, ce qui a pour effet de ralentir le métabolisme. Accorder du repos à vos muscles tout en conservant une alimentation équilibrée, est la clé de votre tonus et du galbe de votre silhouette. En outre, prendre le temps de récupérer permet, la fois suivante, de travailler au maximum de ses capacités et donc de brûler plus de graisses. Vous pratiquez un sport plus de cinq jours par semaine ou plus de deux heures par jour ? C'est sans doute excessif.

Quand vous aurez révisé votre mode d'alimentation et votre programme d'activité physique, votre perspective sur les semaines à venir évoluera. Surtout, soyez patient envers vous-même. Si vous continuez de manger sain, de faire régulièrement de l'exercice et de jouir de l'existence, vous atteindrez tôt ou tard votre poids idéal.

Ayez l'esprit positif

Sachez que pour être visiblement en forme, encore faut-il d'abord avoir une bonne image de soi-même : maigrir, cela se passe avant tout dans la tête. Pour y parvenir, il faut avant tout changer de perspective sur la nourriture et sur vous-même. Vous devez dorénavant considérer vos aliments non pas comme des ennemis, mais comme une merveilleuse source de nutriment, qui vous apportent de l'énergie et vous aident à perdre des kilos. Voyez en vous quelqu'un qui, loin de vivre passivement les événements, tient les rênes de son existence.

Votre motivation doit venir de l'intérieur. Tout est dans votre attitude. En soi, le fait que vous ayez lu ce livre prouve votre détermination. Il ne vous reste plus qu'à vous défaire d'éventuelles opinions négatives sur vous-même. Le succès de votre régime citron en dépend. Vous vous reprochez votre embonpoint et votre manque de volonté ? Vous croyant accro au grignotage, vous pensez que vous n'arriverez jamais à maigrir ? Sans doute avez-vous raison. Mais, pour peu que vous le souhaitiez vraiment, vous pouvez revenir sur ces opinions. Quand vous aurez changé d'état d'esprit, votre corps changera aussi.

Vous rencontrerez des difficultés en chemin. Mais si vous gardez un esprit positif et lucide, vous mettrez toutes les chances de votre côté. Par exemple, au lieu de penser au nombre de kilos que vous devez perdre, songez à la forme et à la silhouette qui seront bientôt les vôtres. Au lieu de baisser les bras parce que vous avez cédé une fois à la gourmandise, montrez-vous de nouveau à la hauteur et reprenez simplement une alimentation correcte.

Avoir de vous-même une image favorable et vous savoir apte à surmonter vos difficultés, est une première étape en direction de votre future silhouette. Mais cela ne suffit pas. La seconde étape consiste à vous fixer des objectifs positifs. Prendre les mesures adéquates constitue la troisième étape. Il ne suffit pas d'espérer réussir, encore faut-il y croire et prendre sa vie en main en adoptant des changements positifs. En d'autres termes, vous devez axer vos pensées comme vos actes sur l'accomplissement de votre objectif : maigrir.

En effet, tout réside dans l'action ! Inutile de méditer sur les principes du régime citron : mettez-les en pratique ! Plus question de souhaiter mincir maintenant : vous devez commencer à le faire !

QUATORZE RÈGLES D'OR POUR RESTER MINCE

1. Commencez votre journée par un verre de jus de citron frais (voir page 28).
2. Ne sautez jamais le petit déjeuner.
3. Pour réguler votre taux de sucre sanguin, prenez trois repas par jour, à base de produits non raffinés, plus deux collations composées de fruits frais ou secs ou autres en-cas à haute valeur diététique.
4. Consommez des aliments frais et complets, de préférence bio.
5. Mangez beaucoup de fruits et légumes.
6. À chaque repas, consommez des protéines de qualité.
7. Assurez-vous un apport correct en acides gras essentiels.
8. Buvez beaucoup d'eau.
9. Réduisez votre consommation de café, d'alcool et de graisses saturées.
10. Décryptez les étiquettes, afin d'éviter les produits riches en additifs et en conservateurs.
11. Prenez le temps de manger tranquillement et mastiquez bien chaque bouchée.
12. Faites l'impasse sur le sucre, le sel, la viande et les produits laitiers.
13. Incorporez du jus de citron dans votre cuisine et, à table, pressez-en sur vos plats.
14. Bougez pendant au moins une demi-heure par jour.

LES VERTUS CURATIVES DU CITRON

Depuis des siècles, le citron sert au traitement de multiples problèmes de santé. Dans l'Antiquité déjà, les Égyptiens pensaient que sa pulpe et son jus constituaient une parade efficace contre divers poisons. Les recherches récentes corroborent cette croyance.

Outre qu'il aide à digérer et à éliminer des kilos, le citron a fait la preuve de ses propriétés antibactériennes et antivirales. De plus, il contribue aussi, de la façon la plus naturelle qui soit, à renforcer les défenses immunitaires, indispensables pour prévenir les maladies. En effet, il contient de nombreuses substances aptes à combattre les infections : acide citrique, calcium, magnésium, vitamine C, bioflavonoïdes, pectine et limonène, notamment. Dès que vous sentez que votre système immunitaire a besoin d'un remontant, buvez quelques verres de jus de citron dilué dans l'eau ou mangez un citron.

Le citron, de même que les plantes à odeur citronnée (voir l'encadré ci-après) a de multiples usages, tant internes qu'externes. Dans ce chapitre, vous découvrirez comment bénéficier de leurs vertus pour soigner les troubles les plus divers, et ce, sous les formes les plus variées : jus, tisanes ou autres boissons, assaisonnements, cataplasmes ou dans l'eau du bain.

PLANTES À ODEUR CITRONNÉE

Verveine des Indes. Mastiquée, cette plante d'Asie du Sud-Est dégage une saveur de citron. Contenant des huiles essentielles aux propriétés curatives, elle est recommandée en tisane contre les troubles digestifs. En application externe, les huiles essentielles servent à apaiser les douleurs musculaires. Souvent, on associe les pouvoirs de cette plante à ceux du citron. Pour faire de la tisane de verveine des Indes, il faut : 2 cuillerées à café de feuilles séchées, 1 tasse d'eau chaude, 1 cuillerée à soupe de jus de citron fraîchement pressé et du sirop d'érable. Versez l'eau chaude sur les feuilles et laissez infuser 10 minutes. Filtrez à l'aide d'une passoire, puis ajoutez le jus de citron et le sirop d'érable.

Géranium odorant. Certaines espèces de géranium ont un arôme de citron et peuvent être utilisées pour les pâtisseries ou confiseries. En plante d'intérieur ou parmi les autres ingrédients des pots-pourris, le simple frôlement suffit à exhaler leur parfum qui neutralise les odeurs, notamment l'odeur laissée par la fumée de tabac.

Mélisse. La mélisse, notamment sous forme de tisane, est connue comme remède contre l'anxiété et les insomnies. Alliée aux substances qui, dans le citron, renforcent les défenses immunitaires, elle soigne aussi les rhumes, la grippe, les maux de tête et les inflammations du système respiratoire.

Acné

L'acide citrique contenu dans le fruit a un effet asséchant sur les boutons et sert au traitement de l'acné. Le citron est également riche en vitamine C, primordiale pour avoir une peau saine et resplendissante. En outre, sa nature alcaline a pour effet d'éliminer certains types de bactéries, responsables de l'apparition d'acné. Bue au lever, l'eau additionnée de jus de citron aide à combattre celle-ci. Voici d'autres remèdes maison contre l'acné.

- Appliquez du jus de citron frais (avec le doigt ou sur un morceau de coton) sur la peau acnéique et laissez tel quel pendant une nuit. Rincez au matin. Le piquant que vous ressentirez peut-être au début disparaîtra vite.
- Mélangez à parts égales du jus de citron et de l'eau de rose. Appliquez le mélange sur les parties à traiter et laissez agir au moins une demi-heure, puis rincez. Renouvelez l'opération deux fois par jour, de préférence le matin et le soir.

Ces remèdes sont naturels et sans danger, mais en cas d'acné importante ou de lésions ouvertes, commencez par consulter votre généraliste.

Eczéma

L'eczéma se soigne à l'aide de compresses au jus de citron. Dans une tasse d'eau tiède, versez 8 gouttes d'huile essentielle de citron, plus 1 cuillerée à soupe de miel liquide. (Les vertus anti-inflammatoires du miel s'allient aux pouvoirs curatifs du citron.) Trempez une compresse dans ce liquide, essorez-la et appliquez-la doucement sur la zone affectée. Laissez agir pendant un quart d'heure, deux ou trois fois par jour. Cela atténuera l'infection et les démangeaisons.

Utilisé pur, le jus de citron soigne les affections cutanées bénignes, de façon générale. Pressez quelques gouttes directement sur la partie atteinte et étalez doucement le liquide. Il se peut que cela pique pendant quelques minutes.

Boutons de fièvre

Grâce à ses vertus antivirales, le citron soigne les boutons de fièvre. Versez une goutte d'huile essentielle de citron, non diluée, sur le bord d'un morceau de coton et appliquez celui-ci sur le bouton. Ne frottez pas, car cela risquerait de répandre l'infection. Et pour renforcer vos défenses immunitaires, buvez deux ou trois verres de jus de citron dilué par jour.

Piqûres d'insectes

Enlevez, le cas échéant, le dard à l'aide d'une pince à épiler. Puis appliquez sur la piqûre une ou deux gouttes d'huile essentielle de citron, mélangée à une cuillère à café de miel, en massant pour faire pénétrer.

Pour repousser les insectes, ajoutez 20 gouttes d'huile essentielle de citron à une tasse d'eau et diffusez à l'aide d'un vaporisateur ce mélange délicieusement odorant. Autre recette maison : placez dans votre chambre un morceau de coton imbibé d'huile essentielle de citron. Pour passer une soirée en plein air tranquille, appliquez sur les parties de votre peau non couvertes par les vêtements, 10 gouttes d'huile essentielle de citron mélangées à 5 centilitres d'huile de tournesol. Massez pour faire pénétrer.

Aphtes

Les propriétés antibactériennes et antivirales du citron favorisent la guérison des aphtes. Mélangez le jus d'un citron fraîchement pressé à un verre d'eau tiède et rincez-vous la bouche trois fois par jour avec cette solution. Sans doute le citron piquera-t-il au contact de l'aphte, mais en renouvelant ce traitement souvent, cette sensation s'atténuera. Rappelons qu'il ne faut pas se brosser les dents juste après avoir absorbé du jus de citron : attendez au moins une demi-heure.

Rhume

En cas de rhume, les pouvoirs curatifs du citron agissent de manière interne, en apportant aux cellules de défense la vitamine C dont elles ont urgemment besoin. Dans le même temps, ses propriétés antiseptiques atténuent les effets du virus sur les muqueuses du nez et de la gorge.

Aux premiers signes de rhume (nez qui coule, gorge irritée), procurez à votre organisme autant de vitamine C que possible pour éliminer le virus avant qu'il ne l'envahisse. Toutes les deux heures, buvez un verre d'eau tiède additionnée du jus d'un citron fraîchement pressé.

En cas de mal de gorge, ajoutez à une tasse d'eau tiède le jus d'un citron, plus une cuillerée à café de sel marin. Pour calmer l'irritation, gargarisez-vous trois fois par jour pendant une minute avec ce mélange. Si vous souffrez d'angine, gargarisez-vous toutes les deux heures avec le jus d'un citron fraîchement pressé. Tenez bien la tête en arrière pendant l'opération pour que les propriétés antiseptiques du jus atteignent le fond de la gorge. Ensuite, n'hésitez pas à avaler celui-ci pour bénéficier en outre des vertus immunitaires de la vitamine C.

État grippal

Voici de quoi atténuer les symptômes : dans une tasse d'eau chaude, ajoutez le jus d'un citron et du miel. Buvez immédiatement. Puis recommencez toutes les deux heures, tant que la fièvre ou le mal persistent.

Fatigue

Pour les globe-trotters et les grands marcheurs, le citron est un bienfait de la nature. Il sert de remède contre les nombreuses infections des régions tropicales. Ajouté à de l'eau, il a une action antiseptique. Et il prévient la fatigue. Percez un trou sur le dessus d'un citron et aspirez-en le jus. Très désaltérant, il étanche la soif plus efficacement que de l'eau.

Insomnie

La mélisse est une plante qui, bien que sans rapport avec le citron, est riche en citral. La recherche montre qu'associée à des plantes aux vertus calmantes (valériane, houblon ou camomille, notamment), elle atténue l'anxiété et favorise le sommeil. Elle se présente en feuilles, vendues en vrac, ainsi que sous forme de capsules, d'extrait, de teinture ou d'huile. Elle permet de lutter contre l'insomnie, ainsi que contre les troubles digestifs, ballonnements et flatulences.

Gingivite

Pour prévenir ou soigner une gingivite, versez le jus d'un citron fraîchement pressé dans un verre d'eau tiède. Rincez-vous la bouche avec cette solution pendant une minute. Le jus de citron tue les bactéries, tandis que ses composantes acides contribuent à dissoudre la plaque dentaire. Après ce bain de bouche, attendez au moins une demi-heure avant de vous brosser les dents.

Mauvaise haleine

Le citron rafraîchit l'haleine, lorsqu'elle est corrompue par la consommation de certaines épices, d'alcool ou de tabac, ou bien à cause d'une salivation insuffisante. Pour garder l'haleine fraîche, rincez-vous bien la bouche plusieurs fois par jour avec de l'eau tiède additionnée de jus de citron, ou mangez une rondelle de citron après chaque repas. Ensuite, attendez au moins une demi-heure avant de vous brosser les dents.

Troubles digestifs

Buvez après chaque repas un verre d'eau tiède additionné du jus d'un citron fraîchement pressé. Celui-ci stimulera la production d'acides digestifs ainsi que l'activité des muscles de l'estomac.

Il semblerait aussi que l'huile de citron stimule l'activité cérébrale et améliore la vigilance. (D'où l'intérêt d'en diffuser dans les bureaux, pour accroître les performances !) Par conséquent, dès que vous êtes fatigué sans raison apparente, ou que vous éprouvez des difficultés à vous concentrer, versez quelques gouttes d'huile dans l'eau d'un diffuseur de parfum. À défaut, vous pouvez aussi boire une citronnade, plusieurs fois par jour, à quelques heures d'intervalle.

Diarrhée

Le jus de citron a des propriétés désinfectantes prouvées contre la bactérie du choléra. Plus généralement, c'est un excellent remède contre les diarrhées. Si vous en souffrez, buvez trois fois par jour un grand verre d'eau additionnée du jus d'un citron fraîchement pressé. À titre préventif, prenez une ou deux cuillerées à soupe de jus avant chaque repas.

Cors

Les cataplasmes au jus de citron sont un remède efficace contre les cors et durillons. Placez une rondelle de citron de 5 mm d'épaisseur sur le cor, puis fixez-la à l'aide d'un pansement et conservez le cataplasme pendant une nuit. L'application d'huile essentielle de citron sur la zone affectée accélère la guérison. Humectez un morceau de coton d'huile non diluée, en veillant à n'enduire que la partie atteinte.

Goutte

Le jus de citron est connu comme remède préventif aux attaques de goutte, par sa capacité à stimuler la formation de carbonate de calcium dans l'organisme. En effet, cette substance a pour propriété de neutraliser les acides, et notamment l'acide urique, à l'origine de la goutte. Après chaque repas, buvez un jus de citron mélangé à un verre d'eau tiède.

Rhumatismes

Malgré son goût acide, le jus de citron exerce sur l'organisme un puissant effet alcalin. En d'autres termes, il a une action naturelle contre l'excédent d'acides, en partie responsable des affections rhumatismales. Trois fois par jour, buvez un verre d'eau tiède additionnée du jus d'un ou deux citrons si vous souffrez beaucoup.

Vous pouvez aussi tirer parti des qualités anti-inflammatoires du citron, en massant les parties douloureuses avec une cuillerée à soupe d'huile de jojoba, mélangée à quelques gouttes d'huile essentielle de citron.

Rétention d'eau

Boire de l'eau coupée de jus de citron, chaque matin, l'estomac vide, est un remède contre la rétention d'eau.

Cellulite

L'huile essentielle de citron a la propriété de renforcer les tissus et notamment ceux qui, affaiblis, sont touchés par la cellulite. Mélangez quelques gouttes d'huile essentielle de citron avec une cuillerée à soupe d'huile de jojoba. Massez les parties atteintes avec ce mélange, matin et soir.

Hypertension

Les propriétés de l'ail et de l'oignon, à l'efficacité démontrée contre l'hypertension, se marient à merveille avec les vertus curatives du citron. Ajoutez trois gousses d'ail écrasées et un oignon haché à un litre de lait écrémé ou de lait de soja. Portez doucement à ébullition, puis laissez infuser cinq minutes. Filtrez à l'aide d'un tamis et placez au réfrigérateur. Ajoutez le jus de trois citrons et buvez de ce mélange à tout moment de la journée.

Cholestérol

La pectine contenue dans le citron, ainsi que d'autres de ses composants, stimulants pour le métabolisme et pour la circulation, contribuent à limiter le taux de cholestérol.

Varices et vaisseaux dilatés

L'huile essentielle de citron a des propriétés veinotoniques.

- Pour traiter les vaisseaux dilatés, mélangez deux ou trois gouttes d'huile essentielle de citron dans une coupelle avec de l'huile de jojoba, d'avocat ou d'amande. Massez chaque jour la zone concernée.
- Pour les varices, ajoutez six gouttes d'huile de citron, deux gouttes d'huile de cyprès et deux gouttes d'huile de genièvre à 5 cl d'huile de germe de blé. Chaque jour, massez-vous doucement les jambes, en remontant du bas vers le haut, en direction du cœur.
- Pour tonifier veines et vaisseaux, versez dans un bain chaud huit gouttes d'huile essentielle de citron, plus quatre gouttes d'huile de cyprès mélangées à une cuillerée à soupe de miel liquide. Restez dans le bain un quart d'heure. Puis séchez-vous en tamponnant la peau, sans frotter.

Saignements de nez

Pressez un citron, humectez de jus un morceau de coton et tamponnez doucement l'intérieur de la narine. Grâce aux propriétés astringentes du fruit, les vaisseaux sanguins se contractent au contact du liquide, ce qui referme la plaie.

INDEX

TABLE DES MATIÈRES

Cet ouvrage a été achevé d'imprimer par
CPI Bussière en mars 2017

Dépôt légal : février 2017
N° d'impression : 2028889

Imprimé en France